气质是女人成功的资本

容貌只是表象，气质却是骨子里的，天生的容颜
无法改变，但气质是可以修炼的。

Xiandai Nvxing
Qizhi Xiulian

陆　欣◎编著

现代女性气质修炼

女人的容颜可能老去，美丽身材也许会改变，但是一旦
拥有了气质，你便战胜了时间、打败了岁月。

企业管理出版社
EMPH ENTERPRISE MANAGEMENT PUBLISHING HOUSE

图书在版编目(CIP)数据

现代女性气质修炼/陆欣编著.—北京 ：企业管
理出版社，2015.1
ISBN 978-7-5164-0990-9

Ⅰ.①现… Ⅱ.①陆… Ⅲ.①女性—气质—通俗读物
Ⅳ.①B848.1-49

中国版本图书馆 CIP 数据核字(2014)第 285326 号

书　　名:现代女性气质修炼
作　　者:陆　欣
责任编辑:杨苏敏
书　　号:ISBN 978-7-5164-0990-9
出版发行:企业管理出版社
地　　址:北京市海淀区紫竹院南路 17 号　　　　**邮编**:100048
网　　址:http://www.emph.cn
电　　话:总编室(010)68701719　发行部(010)68701816　编辑部(010)68701408
电子信箱:80147@sina.com
印　　刷:北京柯蓝博泰印务有限公司
经　　销:新华书店
规　　格:170 毫米 ×240 毫米　　16 开本　15 印张　150 千字
版　　次:2015 年 1 月第 1 版　　2015 年 1 月第 1 次印刷
定　　价:35.80 元

前　言
Preface

气质是女人高贵优雅、魅力四射的最大秘密；是女人打败时间、战胜岁月的绝佳武器。世上的女人有很多种，有的漂亮，有的妩媚，有的纯真，有的优雅，而所有的女人中，最令人欣赏的是有气质的女人。相对漂亮而言，气质无法先天继承而来，只能经后天培养、维护而获得。太年轻的女人不能给人以足够的信任感，年龄太大的女人则无法给人以梦想，而太炫目的女人又容易遭到同类的嫉妒。唯有气质女人，才可充当各种场合都合适的角色。

气质并不是与生俱来的，不是靠靓丽衣裙的装扮，不是用高级化妆品的涂抹，不是矫揉造作的粉饰，也不是刻意强求的伪装。气质是一种修养，是超凡脱俗的嫣然一笑，是“发诸内，形乎外”的东西。它不是一朝一夕形成的，它是女人在漫长的岁月中积淀而成的一种蕴含。它不是浓烈的香水，不是靓丽的容颜，也不是金钱和地位所能代表的生活方式，它常常渗透在生活细节中的点点滴滴。

女人一不怕老，二不怕丑，只怕没气质。气质看似无形，实则有形。它是通过一个人对待生活的态度、个性特征、言谈举止等表现出来的。走路的步态，待人接物的风度，皆属气质的范畴。气质是女人魅力的源泉，就如同山上有了水就会立刻显现出灵气一样，一个女人只要插上了气质的翅膀，就会立刻神采飞扬、明眸顾盼、楚楚动人起来。

一个有气质的女人，她会精心包装自己，她的衣服不会五彩斑斓过分张扬，也不流行前卫哗众取宠，只会符合自身的特征个性，在什么场合穿什么样的衣服，给人的感觉不张扬，不媚俗，不媚雅，却修饰得十分自然得体。

一个有气质的女人，她对人平等，不亢不卑，她的脸上永远有一张亲切的笑脸，你和她说话，她不恭维不指责，不花言巧语，不咄咄逼人，只用她的心来聆听，至情至性，甚至总是站在你的角度，为你着想！

一个有气质的女人，她的心态积极乐观向上，不颓废放纵，不怨天尤人，她善良温和，有一颗包容的心，她拥有独立的思想和人格，对事物有自己的看法和见解，从来不人云亦云。

一个有气质的女人，她在生活中能很好地担任自己的角色，在孩子面前童心未泯，在丈夫面前细心温柔，是父母眼中的骄傲，她从不会因为家务繁琐或者关系亲近就怠慢了自身的修养。

一个有气质的女人是成熟机智的，她必须不断地学习，不断地充实自己修炼自己，修炼学识、修炼人格、修炼文化，提高自己的内在修养，让自己有美丽的心灵，高尚的品格，丰富的内涵，从里到外散发出动人的光芒！

总之，气质是女人魅力的源泉，气质是女人生命的动力，气质是女人灵动的美感，气质是女人职场制胜的资本。一个女人拥有足够的气质，在任何时候都光彩照人。本书是为现代女性量身定做的气质读本，为女性朋友们修炼自己的高雅气质指明了路径，有助于增强女人魅力。相信读完本书的女性将会成为一个最有魅力的气质女神！

目 录
Contents

第一章 美在气质，魅力无双：每个女人都可以修炼成为天使

男人都希望自己的女人是天使，女人也希望自己在男人心中是天使。但何以成为天使？气质造就天使。女人的气质是一种集相貌举止、品位修养和情趣内涵于一身的外在表现，显于形而驻于心，是文化底蕴、素质修养的升华。女性独特的气质涉及她深层的品质，它带有一种自发力和亲切力，可以净化心灵、温暖人心，使社会充满祥和、同情和友爱。

第二章 修心养性，强化品格：美好心态让女性气质永远闪光

良好的心态有利于良好地表现自身的修养和气质。幸福不是女人未来要有的状态，而是现在要具有的阳光心态。心态好的女人能包容别人，不会用别人的错误惩罚自己，能从容地面对世事纷争，显得平静而超脱。这样的女人会彰显出特有的气质和魅力，会凭借自信、优雅与内涵，展示出超凡脱俗的一面，成为受人尊重和欢迎的女人。

第三章 服饰整洁，打扮得体：完美妆容让气质脱颖而出

完美妆容是气质女人的重要工程。良好的形象可以表现出你对生活的态度，得体的衣饰也可以使别人看出你的审美修养。因而恰到好处的妆容不仅不会歪曲女人的本色，反而会给她们增加几分韵味。作为女人你必须知道的是，你有着与其他人不同的脸型、身段、肤色与风姿。你是世界上独一无二的人！你不必去效仿别人，你要表现出自己独有的特质。

第四章 举止得体，文明有礼：礼仪修养体现女性气质的尊贵

优雅的仪态是女性有教养、充满自信的完美表达；美好的仪态，会使女性看起来年轻很多，也会使女性身上的衣服显得更漂亮。气质无时不存在于女性的举手投足之间，因而，优雅的言行举止更能给人留下深刻印象。对于女人来说，姿势美有着说不出来的迷人气质。一个相貌平平的女人，有了美丽的姿势和风度，就可在交际场合发挥无穷的魅力。

第五章 谈吐优雅，人情练达：口吐莲花的女性优雅迷人

女人的形象固然重要,但同样不可忽视的是女人的口才。会说话的女人才是最出色的！不管在什么场合,只要优雅的女人开口说话,总是让人感到舒坦。这样的女人能适时送出赞美,让人听了如沐春风,能让批评也变得悦耳。在处理人际关系上,女人只要把自己的语言包装成功,就会在交际中游刃有余,不但可以赢得良好的人缘,还可以给自己将来的事业奠定坚实的基础。

第六章 以诚待人，融洽相处：宽容处事增添女性的气度

宽容是一种非凡的气度、宽广的胸怀,是对人对事的包容和接纳。女性的宽容更是一种高尚的品质、崇高的境界,是精神的成熟、心灵的丰盈。宽容是一种仁爱的光芒、无上的福分,是对别人的释怀,也是对自己的善待。宽容的女人具有睿智的思想,用一双灵透的眼睛,分辨世间的雨雪风霜,用一颗练达的平常心,来显露与众不同的气质。

第七章 蕙质兰心,书香为伴:智慧是女性永恒的气质之源

女性多读书才能拥有智慧,才能修炼提升自己的气质,以最佳的面貌呈现在大家面前。读书是气质不可缺少的养分。读书在一点点地雕琢着一个人,塑造一个人。读书使女人能把握自己,从容自信,进而富有迷人的持久的魅力。读书的女人很美,她们美得别致,美得精致,即使不施脂粉也是从容得体,神采飞扬,风姿绰约又温婉可人。

第八章 柔情似水,楚楚动人:温柔是女性的伟大力量

温柔是上天赐予女人的奇世瑰宝,是女性诱人的魅力,是一种征服他人的巨大力量。女性的美,美在似水柔情。做一个温柔的女人,并不是要你去改变自己的本性,而是学着变得温柔,这是女人特有的魅力。一个女人能够温其容柔其声,关怀体贴别人,才能使别人感动。温柔可爱,才会给人一个温馨可爱的世界。

第九章 芳香玫瑰，幸福爱情：打造永不褪色的浪漫气质

浪漫是一种精神上的体验，更是一种素质。浪漫行为充满诗情画意，浪漫是两个人的事，往往不为旁人所理解。浪漫可以体现在某一件很小的事情上，或在一种工作中，或是生活的某个方面，是一种很高雅的精神活动。浪漫的最高境界就是把爱摆在心里，含在口里，流盼眼底，这都比挂在嘴上可贵而扣人心弦。

第十章 呵护自我：健身成就女性的美丽与性感

在我们追寻美的道路上，有一条底线是不能触碰的：健康第一，美丽第二。每位女性都对自己的健康非常重视，她们无一不渴望拥有迷人身段，却很少参加有规律的锻炼，时间一长就变成了身体肌肉少，脂肪多。年轻时候，可能还没有那么明显，可是一旦进入中老年，就会像气球吹起来一样迅速发胖。所以，如果不想让可怕的事情发生，最好从现在做起，开始运动！

第十一章 展示个性，时尚生活：时尚女性具有独特的个性气质

时尚女人喜欢表达个性，也喜欢不断地尝试创新，喜欢和别人不一样的感觉。久而久之，越来越富有个性，反而越来越产生独特的韵味和气质。个性是时尚女人的内涵，是魅力女人的一种精神，是鲜活的社会符号。一个女人只有表现出与众不同的个性，才能符合现代潮流的美丽标准，才能成为一名气质佳人。对于女性来说，个性是一笔财富，拥有时尚独特的个性，会使你一辈子受用无穷。

第一章

美在气质，魅力无双：每个女人都可以修炼成为天使

男人都希望自己的女人是天使，女人也希望自己在男人心中是天使。但何以成为天使？气质造就天使。女人的气质是一种集相貌举止、品位修养和情趣内涵于一身的外在表现，显于形而驻于心，是文化底蕴、素质修养的升华。女性独特的气质涉及她深层的品质，它带有一种自发力和亲切力，可以净化心灵、温暖人心，使社会充满祥和、同情和友爱。

1

女人可以不漂亮，但一定要有气质

中国人不喜欢用漂亮、性感之类直白的词奉承女性。一是因为比较害羞，肉麻的话说不出口。二是怕用词不慎引起误会。一般人见到一位不得不当面奉承几句的女性，往往会采取一个几乎能将所有女性一网打尽的词语：有气质。这个词实在是好。不管长得漂亮还是丑陋，都不妨碍此人有气质。不管生性泼辣还是腼腆，也不影响此人有气质。再理智的女人也只会认为自己不够漂亮，但绝对不会认为自己没气质。

气质是指人相对稳定的个性特征、风格以及气度。一个人的真正魅力主要在于特有的气质，这种气质对同性和异性都有吸引力。这是一种内在的人格魅力。一个有着姣好面容和魔鬼身材的女人往往最先俘获男人的目光，但如果这人很空洞，她最终也会让男人觉得索然无味，那些艳容也在男人的眼里变成了俗气；而当和一个有气质内涵的女人交往，即使她样貌平平，言谈举止中还是可以透出那股娇美，把男人裹在一个不求性感但求情调的氛围里，男人会觉得这女人很“耐看”，越看越漂亮。在现实生活中，有相当数量的女性只注意穿着打扮，并不怎么注意自己的气质是否合乎美的标准。诚然，美的容貌、入时的服饰、精心的打扮，都能给人以美感。但这种外表的美总显得浅淡短暂，如同天上的流云。如果是有心人，则会发现气质给人的美感是不受年龄、服饰和打扮所制约的。而且真正的美首先来自于气质。女人的外表犹如花朵，虽馥郁芳香，但无法长久；优雅的气质犹如果实，具有无限张力，是让女人一生馨香的魅力所在。

1975年，身为空姐的赵雅芝凭借第一届香港小姐选美进入演艺圈，时至今日已三十年之久。正是在这三十年之中，赵雅芝打造了一部又一部经典，她的美丽与风情“蛊惑”了一代又一代人。作为职业艺人，赵雅芝是一位称职、敬业、人人称颂的好艺人。她的事业如日中天，处在辉煌的巅峰时期。她在塑造古代近代女性方面独领风骚，占尽风情，在此领域内十几年来几乎无一人可以与之媲美。

赵雅芝是一位好妻子。她的家庭生活过得安静、幸福、美满、和谐。她对先生很尊重，很温柔，很体贴，关怀备至，极尽妻子的责任。赵雅芝只要在家，就会把家里打理得井井有条，让丈夫感到家的无限温暖。

娱乐圈的生活多姿多彩，异性诱惑也特别多，赵雅芝也承认这点：“在外面工作，接触异性的机会较多，对我表示好感的人不是没有，我对这种事很敏感，但是接不接受是要看我自己的嘛！我有丈夫有孩子有工作，已经再没有空间和时间容纳其他人了。他也是这一行的，处境自然跟我差不多……这么多年来，我也听过有关他的风言风语，但是，我要相信他而不去信外人。”

对于多年来跟丈夫的关系，赵雅芝自言双方都有一致的目标，并甜笑着说：“我们互补不足，他爱思考，正好弥补我不喜用脑的不足；我喜欢小孩，乐于在家照顾儿子，他便可以安心工作，虽然我和他的收入是独立计算的，但我们都不计较这些，我有份的，同样也属于他；而他的钱，我也有份用，这样才有意思。”这，也许就是赵雅芝的夫妻之道吧！

赵雅芝更是个好母亲。许多女艺人，因为忙拒绝做母亲，或者是把已出生的孩子交由老人或保姆代养。赵雅芝不是这样。对前后所生的三个儿子，她无不亲力亲为，给他们最大限度的母爱。她为儿子们创造各种接受教育和培养的条件，帮助儿子们读书、习画、弹钢琴、学外语，陪儿子们打网球、游泳、做健身操。亲手为儿子们做美味可口、营养丰富的饭菜。赵雅芝擅长粤菜，对川菜也很感兴趣，经常为家人烹制美味佳肴。

儿子们到了上学的年龄，她每天亲自开汽车接送他们。孩子们也非常依恋和热爱自己的妈妈，每当赵雅芝外出拍片离家时总是难分难舍，而每逢赵雅芝归来之日便成了儿子们的狂欢之时，抱着妈妈又亲又叫，这也是赵雅芝最开心最高兴的时刻。

漂亮女人，高雅的气质能让她锦上添花；对于不太漂亮的女人，高雅的气质同样会使她光彩照人。女人的漂亮往往流于表面，而气质却渗透整个身心，并会永驻于他人的印象之中。每个女人希望自己拥有美丽和气质，因为只有这样的女人才是极品。赵雅芝就是这样一个有气质的极品女人。

女人可以不漂亮，但绝对不能没气质，气质女人，即便是无意间的一种柔情暗转的秋波，也闪出一种动人的气韵。气质女人的美丽，不为取悦男人，不是虚荣的表现，是她热爱生活与维系真爱的表达；她的风情并不在意是不是被发现，被认可，而是隐没在茫茫人海中，如同海里的珍珠，沉静中透出典雅柔和的光芒。她们为人女时尽孝道，尊老爱幼，尽一切努力分担父母压力，做父母的朋友，不矫情，不与兄弟姐妹争吵、争宠，团结友爱；她们为人妻时守妇道，关心丈夫，孝敬公婆，与丈夫互敬互爱；她们为人母时为孩子做榜样，并成为孩子的第一个启蒙老师，用言传身教，做孩子的崇拜对象。既是孩子的慈母，又是良师益友。气质女人，每天用自己的爱和柔情，经营着自己和周围亲人、朋友的感情，使自己快乐，更使别人快乐。气质女人有着丰富的内涵，她不单单是一幅雅致、精美的画，更是一本耐人寻味、百读不厌的书。她用淡泊、平和的心态来读尘世的风雨雷电，看人间的万紫千红；她用理智的思绪，来应对世态炎凉、人情冷暖；她用坚强的胸怀包容人间沧桑、过往富贵和繁华。也许她会经历不幸，但是她依然会笑对生活，直到生活也在她面前低下高贵的头颅。这是因为，气质女人的韵味之根要深扎在文化的沃土里才会枝繁叶茂；当韵味成为一种自然的气质时，这位女人一定显得很成熟，给人留下无穷的想象空间。

2 气质是美丽，更是魅力

气质是一个简单而又奥妙的斯芬克斯之谜。气质来源于内心，是美丽的关键所在，女人征服一切的魅力，在于气质。我们经常会看到一些脸蛋并非完美无缺的女人，却显得非常高贵，这就是气质的魅力。日本著名佛学家池田大作先生曾经说过："女性真正的美更在于内在生命本身的美。单纯外在的美无疑会受到年龄的制约。"以貌取人是肤浅的行为，气质才真正能展示人的内涵和魅力，是女人征服世界的利器。就如同一座山上有了水就立刻显现出灵气一样，一个女人只要插上了气质的翅膀，就立刻神采飞扬、明眸顾盼、楚楚动人起来。

气质主要表现为人的心理活动的动力方面的特点。所谓心理活动的动力是指心理过程的速度和稳定性（例如，知觉的速度、思维的灵活程度、注意集中时间的长短）、心理过程的强度（例如，情绪的强弱、意志努力的程度）以及心理活动的指向性特点（有的人倾向于外部事物，从外界获得新印象；有的人倾向于内部，经常体验自己的情绪，分析自己的思想和印象）等。气质仿佛使一个人的整个心理活动表现都涂上个人独特的色彩。比如，性格开朗、潇洒大方的人，往往表现出一种聪慧的气质；性格开朗、温文尔雅，多显露出高洁的气质；性格爽直、风格豪放的人，气质多表现为粗犷;性格温和、风度秀丽端庄,气质则表现为恬静……无论聪慧、高洁,还是粗犷、恬静,都能产生一定的美感。相反,刁钻奸滑、孤傲冷僻,或卑劣萎靡的气质,除了使人厌恶以外,绝无美感可言。

人的气质可分为四种类型:胆汁质(兴奋型)、多血质(活泼型)、粘液质(安静型)、抑郁质(抑制型)。古代所创立的气质学说用体液解释气质类型,虽然缺乏科学根据,但人们在日常生活中确实能观察到这四种气质类型的典型代表。活泼、好动、敏感、反应迅速、喜欢与人交往、注意力容易转移、兴趣容易变换等,是多血质的特征。直率、热情、精力旺盛、情绪易于冲动、心境变换剧烈等,是胆汁质的特征。安静、稳重、反应缓慢、沉默寡言、情绪不易外露,注意力稳定但又难以转移,善于忍耐等,是粘液质的特征。孤僻、行动迟缓、体验深刻、善于觉察别人不易觉察到的细小事物等,是抑郁质的特征。因此,这四种气质类型的名称曾被许多学者所采纳,并一直沿用到现在。

气质美看似无形,实则有形。它是通过一个人对待生活的态度、个性特征、言谈举止等表现出来的。走路的步态,待人接物的风度,皆属气质。女人可以凭借自己漂亮的容貌吸引人们的眼球,赢得极高的回头率,但真正能让人们为之倾倒,却是女人那蕴含如诗的美丽气质!一个人的容貌形体、外部装饰所表现出的美在整个气质美中只占一部分,甚至是一小部分,而气质给人的美感不受年龄、服饰和打扮的制约。这种气质无论是对异性,还是对同性同样有着吸引力。气质美才是真正的美。

张钧甯,有"台湾第一气质美女"之称。张钧甯在德国出生,4岁后随父母回到台湾。爸爸张志铭是法学博士、台湾大学社会学系及国家发展研究所教授,妈妈郑如晴是文学硕士、知名文学作家、国立台湾艺术大学讲师。父母皆留学德国。姐姐张瀛是英国中央圣马丁艺术与设计学院平面设计与传播学硕士、视觉平面设计师。虽然张家是名门望族,但在张钧甯小学四年级时父母离婚,张钧甯与姐姐跟随妈妈生活,从小生活艰苦朴素,进入演艺圈后虽然收入颇丰，但依然不会大手大脚胡乱花钱，收入都交由妈妈管理。在纷繁杂乱的娱乐圈里由始至终洁身自好，是为数不多的乖乖女，善良谦逊、真诚礼貌的待人之道让与她合作过的各方人士都赞赏有加。

张钧甯出道过程非常戏剧性，当时她还在台北大学读大二，有一天在西门町逛街，好心接受一位工读生的邀请答应帮忙做问卷，只要求对方不要再事后电话追踪，因为她真的没兴趣买，只是做功德帮他填写问卷。没想到这位工读生几个月后转换跑道，当起了艺人经纪的助理，又逢公司需要发展新人，这位工读生想起了当时清秀的张钧甯，于是翻出那张问卷找到了张钧甯，这样的萍水相逢，造就了一颗新星。2006—2007 年间三度与钮承泽导演合作，并凭借钮承泽导演的伪纪录片电影《情非得已之生存之道》入围 2007 年第 44 届金马奖最佳女配角（呼声高，但因计票方式更改而失之交臂），次年获得第 10 届台北电影节最佳女演员奖。

身为演员，除影视剧外，拥有姣好外形及独特气质的张钧甯还经常受邀出席时尚品牌发布会、拍摄 MV、广告、时尚精品、杂志封面等，同时热衷公益慈善的她更是对公益邀请来者不拒。此外，张钧甯 2007 年曾撰写时尚部落格，之后常受邀为时尚杂志撰写专栏，为读者分享极具个人特色的时尚品位和健康的时尚理念。

罗曼·罗兰指出："气质是很抽象的东西，但是，它给人的印象却非常明显。"我们时常会发现某个女人很有韵味，这韵味就是来自所谓的气质。气质是一种精神因素的外在表现。有气质的女人就像一本百科全书，文淡而墨香，让人爱不释手，百读不厌。有气质的女人不仅吸引异性，同样也会让女人为之动心，羡慕不已。有气质的女人懂得宽容与忍耐，她们知道，社会并不是一个让你肆无忌惮、任性的地方。女人气质是魅力的源泉。女性独具的气质特征，是温柔、可爱、可亲。具备这种气质的女性，有人称之为有十足女人味的女性，也是东方女性深沉含蓄的特征。女性独具的气质美，是建立在自尊、自信、自爱、自强的基础上的，并且有母性深沉的内涵和使人感到亲切的特征，是高品位的美。有这样气质的女性，受人尊敬，使人羡慕。

3

气质不是做作，而是内在修养

气质是女人极致的美。但气质不是做作，而是内在修养。女人若是做作起来是非常可怕的：明明自己从农村出来没几年，却满口的“你们乡下人啊”；表面上穿得光鲜靓丽，家里却脏得像狗窝；在男人面前是淑女，在女人面前放荡。如此女人，总让人相处起来觉着憋屈。其实女人的魅力是做作不出来的，群众的眼睛是雪亮的，你是好是坏，是圆是扁，大家心里全都有数，任何一个人都有缺点，要允许、正视和改正自己的缺点，而不是一味地掩饰。现实生活中，但凡一个有魅力的人，首先他都是真实的，只有真实的你才是最能打动人的。一个气质女人，必定是女人中的女人。如果说容貌有形，气质则是无形的，它是一个人内在的外在表现，外表的美丽是短暂的，气质却是长久的。气质是每个人相对稳定的个性特点，每个人的习惯、个性与内在修养不同，因而每个人的气质也就不一样。但无论你从事何种职业，任何年龄，你都有着自己独特的气质与修养。只有拥有丰富内涵、良好素质和修养的女人才可能拥有高雅的气质。没有良好的内在修养，胸无点墨的女人即使再美也黯然失色，而许多相貌平平的女子，因为有了高雅气质的衬托，越发神采飞扬，风韵动人。

于丹，曾入围“中国最美的女人”，通过读者与她的不断交流，我们看到了不一样的美，然而这样的美是永恒的，并非昙花一现的美，从她身上我们可以看到，美是要靠不断完善自我磨炼出来的，是靠修养体现出来的。于丹是1988年开始活跃在影视传媒实践第一线的，这几年，央视《百家讲坛》《文化视点》栏目以普及、传播传统文化为宗旨，借由一批文化人为传播纽带，而于丹以那些经典的解读激活了中华民族的文化传承基因，在海内外文化界、教育界产生了广泛的影响。随着知名度的提高，她先后在我国内地、港台地区、新加坡、日本京都、马来西亚吉隆坡、法国巴黎、巴西圣保罗等地进行了百余场传统文化讲座，顿时掀起了海内外人民群众对传统文化的热情，此时，《庄子》《老子》《孟子》等这些圣贤书再次涌入人们的视线。后来，于丹被问及经典对于自己的影响时，并不讳言这些书籍对自己的影响，说道：“我是因为喜欢才研究这些经典，我把它当作提升我生命的一种方式，让它们作为一种文化进入我的生活。在我看来，当理解了先贤的语言后，我对自己的要求也变得简单了，就是做一个内心健康、正直善良和快乐的人。”在谈到女人的美时，于丹是这样定义的：“女人美丽，前20年靠的是父母给你的资本，20年之后，美丽就只有靠自己的修养，我觉得漂亮就是不可替代的自己，气质与内心的默契。”

于丹让我们看到了一个成功女人的修养是要靠自身的磨炼而得来的。女人的气质犹如花之魂、水之韵、松之魄，无影无形，很难用语言形容。诗人徐志摩曾被一位日本少女的温柔气质所感动，写下了著名的诗句：“最是那一低头的温柔，像一朵水莲花不胜凉风的娇羞……”而现代女人越来越讲究“内外兼修”，于是女人的气质便演化为高贵、性感、情趣、妩媚或神秘。时下许多女性，刻意追求时髦，被流行所左右，譬如流行歌曲，就像流行感冒一样，让不成熟的女性痴狂。对流行“仿效”，是那么如痴如醉，紧追不舍。其实，流行的不一定适合自己。譬如今年流行黑色衬衫，如果你已经够瘦，再穿黑色衬衫，岂非更显得瘦吗？所以，你一定要保持自己独特的眼光，独特的风采，独特的神韵，了解自己，不去仿效别人，这才是气质女性的表现。

气质不是过度的矜持和娇羞，而是恰到好处地展示女性温柔甜美的精神风貌的一种状态、一种境界、一种文化。女性的气质美，首先表现在丰富的内心世界里，理想则是内心世界丰富的一个重要方面，因为理想是人生的动力和目标，没有理想和追求，内心空虚贫乏，是谈不上气质美的。品德是女性气质美的一个重要方面，为人诚恳，心地善良，对爱情专一，是中国女性的传统美德，也是现代女性不可缺少的品德。有一定的科学文化知识会使女性气质美大放异彩。因为科学文化知识既是当代女性立足社会之本，也是自身修养的一个重要方面。再者，女性的文化水平在一定程度上影响着家庭生活气氛和后代的成长。此外，还要胸襟开阔。法国作家雨果说过，比大海宽阔的是天空，比天空宽阔的是人的胸怀。对于现代女性来说，做个气质女人有以下几条标准：

第一，赏心悦目。

不是每个女人都有幸是美女，但也有幸不是丑女。其实，女人吸引男人的地方，首先是赏心悦目，而不是美丽。因为有些女人过于注重自己的美丽，反而总是与环境不那么协调。赏心悦目，就是尽可能把自己打扮得很美好，干净、精致、些许的时尚、和谐的搭配、令人愉悦的颜色。让男人看到，就能联想到美好的生活。这就是赏心悦目的魅力！赏心悦目，几乎每个女人都做得到，“世界上没有丑女人，只有懒女人”，一个女人，如果对于自己的形象懈怠了、放松了、邋遢了，那么她的魅力也就减弱了。

第二，保持矜持。

最有女人气质的体现，就是矜持了。矜持要怎么做？很简单，一举手、一抬头的犹豫，说话前的思索，走路时的一点小心，听到笑话过后的慢一拍的微笑，无不体现了女人的矜持。矜持，就是女人要把自己当作美女一样看待，一种若有所思的慢一拍，一种小心翼翼的自我珍重，一种不轻易流露的保留矜持，体现了女人的修养。一个懂得矜持的女人，往往最能够激发男人呵护女人的英雄情节，能够体现男人的风度，能够让男人有强烈疼爱这个女人的欲望。

第三，富有情趣。

情趣就是知情识趣，要懂得幽默。情趣需要一些天分，但是后天的修炼也必不可少。比如，要会讲一些笑话，要能带动气氛，大家都期望你能唱歌的时候能够唱得很好，玩的时候要能玩得开心。情趣需要一些知识，需要一些幽默，需要一点小资，还需要一些发自内心的快乐。

第四，心态坦然。

知道自己哪里好看，哪里不好看，知道自己有什么优点，有什么缺点，觉得这些很正常，就是一种坦然。坦然的女人不卑不亢，不会谄媚，也不会自卑。坦然的女人，深刻理解世事无常，明白生活的变化往往不是自己能控制的，所以悲伤的时候不会刻意隐藏，快乐的时候懂得充分享受。这样的女人，活得很清醒，也很真实。

第五，格调精致。

精致的女人就像一件高档的珠宝，熠熠生辉、细腻璀璨，让人爱不释手。精致，不一定就需要高档的衣服、首饰或其他道具来妆饰，更多的是一种生活态度。沏一壶茉莉花茶的时候，放两颗玫瑰、加一勺蜂蜜，是一种精致。品茶的时候，知道用自己心爱的瓷杯或者透明的玻璃杯装上，而不是用一次性纸杯，是一种精致。知道在宴会上该穿礼服、工作时该穿套装、睡觉时该穿性感睡衣，是一种精致。精致的女人，注重品质、细腻。精致的女人，才懂得享受生活。

4

具备气质美的女人最有内涵

一个人的真正魅力主要在于特有的气质，这种气质对同性和异性都有吸引力，这是一种内在的人格魅力。所以说女人的气质是女人身上的一种独特的韵味，是上天赋予女人特有的风采。女人的气质于爱中绽放，于沧桑中成长，是浸润在骨子里的风韵与情致，成熟与妩媚，是生命激荡之后的平静，深沉之后的简约，随意之后的优雅，苦难之后的高贵，是生命与性情在岁月的浸润下开放的一种美丽。气质美看似无形，实为有形。它是通过一个人对待生活的态度、个性特征、言行举止等表现出来的。气质的外化在一个人的举手投足之间。走路的步态，待人接物的风度，皆属气质。气质美首先表现在丰富的内心世界。理想则是内心丰富的一个重要方面，因为理想是人生的动力和目标，没有理想的追求，内心空虚贫乏，是谈不上气质美的。品德是气质美的另一重要方面。为人诚恳、心地善良是不可缺少的。文化水平也在一定的程度上影响着人的气质。此外，还要胸襟开阔，内心安然。女性的气质美，表现在温柔的性格上。这就要求女性注意自己的涵养，要忌怒、忌狂，能忍让、体贴人。那些盛气凌人、傲气十足的"铁姑娘"，会使大多数男子敬而远之。温柔并非沉默，而不是逆来顺受、毫无主见。相反，温柔的性格往往透露出天真烂漫的气息，更能表达内心感情，富有感情的人更能引起别人的共鸣。

她是个天使，出身名门，会讲5国语言，举止优雅得体，气度非凡。她高贵善良，与世无争，柔媚娇羞得像个不谙世事的孩子。

她的性格矜持内敛却又平易近人，她有着姣美的容颜和如花般的笑靥，一双会说话的大眼睛如一泓清澈的碧潭，楚楚动人，薄如蝉翼的睫毛扇动着青春的快乐与轻盈。

作为一个女人，她把家庭放在第一位。为了家庭和孩子，她可以推掉影片的拍摄，等待空闲才去拍。她说："因为我非常想念我的孩子。"

作为一个母亲，她虽然名扬世界，但她坚持自己接送孩子上学，即使身旁是幽灵般的狗仔队。她只是觉得应该给她的孩子应有的幸福。

作为一个妻子，她愿意为丈夫做许多忍让。她愿意为保持家庭的和谐美好，牺牲自己的事业，息影七年，忍让丈夫偶尔的不忠。

作为一个名人，她奉献她的力量，就如她在舞台为世界贡献经典。她在生命的最后五年为联合国儿童基金会长年奔走宣传募捐。她呼吁对落后地区的人们不要总是以施舍者的姿势向求助者的手里分发东西，而应该给他们机会，他们有尊严，他们更渴望有机会自己救助自己。这是大多数慈善人士会遗忘的一点，一味地只是在施舍，却从未聆听贫困者的心声。

作为一个坚强的普通人，她也会害怕死亡，不是想多活着享受，而是在看到世界的黑暗后，想多点时间为那些身处不幸的儿童再做点事情，即使只是一个拥抱。

她的名字叫奥黛丽·赫本。身为好莱坞最著名的女星之一，她以高雅的气质与有品位的穿着著称。

赫本学过芭蕾，但她的女人气质，不是因为她有个法国设计师朋友或是有着消瘦清冷的侧影。气质与智慧和想象力一样，都是发自内心的，一种最深沉的内在，她的气质是从种种微小的细节中淬炼出来的——她的动作、声音，甚至她签名的手法。无论我们如何理解她的气质，赫本已经把女人气质融合在举手投足之中。

赫本是时尚的代言人，她的着装强调了她的苗条纤柔，她用服装将温顺柔弱的女性特质表现了出来，不仅受到男人们的爱慕，也受到女人们的崇敬。她是20世纪最受人们崇拜和仿效的女性之一。

许多人都明白，赫本令人醉心的女人气质，是无人能及的，她是气质女人的代表，是天使的化身，是电影史上永远的纯真女神。她的清纯和超凡脱俗是没有任何人能够再现的，她为世界影坛创造了一个清新隽永、纯洁可爱的形象。这与她良好的教育和长期练习芭蕾有关，更与她本真的善良有关。

在谈到美女减肥时，她说："要有纤细的身材，请与饥民分享你的食物。"

在谈到女人的美丽时，她说："女人的美丽不存在于她的服饰、她的珠宝、她的发型；女人的美丽必须从她的眼中找到，因为这才是她的心灵之窗与爱心之房；女人的美丽不是表面的，应该是她的精神层面的，是她的关怀、她的爱心以及她的热情。"

赫本的一生，是光辉灿烂的一生，她在黄金时代所创造的银幕形象，正如她自身一样，留给人们美好的印象太强烈了。她在电影史上占着独特的一页，1991年，美国电影协会授予她的Gala荣誉奖，是对赫本影坛生涯以及她非凡演技的崇高褒奖。

迷人的银幕形象和对时尚的完美把握使赫本成为传奇，但她的爱心更使她的传奇成为永恒。她一生都在关注慈善事业，从20世纪80年代开始，她逐渐淡出影坛，成为联合国儿童基金会亲善大使的代表后，不时举办一些音乐会和募捐慰问活动，除了参与活动、发表演讲外，她还亲力亲为，多次不顾战乱和传染病的危险亲赴非洲，到地球上最苦难最深重的角落拥抱饱受折磨的儿童，并展开考察实行援助。足迹遍及埃塞俄比亚、苏丹、孟加拉等亚非拉许多国家，受到当地人民的广泛爱戴和欢迎。

1992 年年底，她以重病之躯赴索马里看望因饥饿而面临死亡的儿童。她的爱心与人格犹如她的影片一样灿烂人间。1993 年 1 月 20 日，赫本因结肠癌病逝。为表彰她为全世界不幸儿童所做出的努力，美国电影艺术和科学学院将该年度奥斯卡人道主义奖授予了她。

赫本对儿童慈善事业的关注源自内心深处的真诚，就是在弥留之际，她也没有忘怀。赫本之子西恩回忆赫本去世前一天的情景："我问她有没有什么遗憾的。她说：'没有，我没有遗憾……我只是不明白为什么有那么多儿童在经受痛苦。'"

难怪有人说："虽然没见过上帝，但是我们的确遇到了天使，她就是奥黛丽·赫本。""赫本气质"是上帝赐予人类欣赏、追求、敬仰且没有一丝想玷污或占有的、完美无瑕的、一块活着的、神话似的美玉。这就是气质女人的独特韵味，既有外表的光鲜艳丽，更是所有真、善、美的化身，是一种内涵的积蓄，折射于一个女人的灵魂深处。它是无数次挫折后的醒悟，是经历过世事的磨炼后的升华，当积蓄到一定程度时才会自然迸发。她把女人生命中美好的娇艳释放出来，那种娇艳是根深蒂固的，是难以被别人模仿的。

气质女人有着丰富的内涵，她不单单是一幅雅致、精美的画，更是一本耐人寻味、百读不厌的书。她用淡泊、平和的心态来读尘世的风雨雷电，看人间的万紫千红；她用理智的思绪，来应对世态炎凉、人情冷暖；她用坚强的胸怀包容人间沧桑、过往富贵和繁华。也许她会经历不幸，但是她依然会笑对生活，直到生活也在她面前低下高贵的头颅。这是因为，气质女人的韵味之根要深扎在文化的沃土里才会枝繁叶茂；当韵味成为一种自然的气质时，这位女人一定显得很成熟，给人留下无穷的想象空间。因此，女人的美丽不仅仅在于令人心动的美貌，更在于女人的内涵。具有内涵的女人是一个鲜活充盈的女人，她以自己的灵动活力引得男人驻足；具有内涵的女人是一个具有大智慧的女人，她以自己的恬淡博大在人生的旅途中淡然行走；具有内涵的女人是一个至情至性的女人，她以自己的真善美演绎着每一天的精彩生活。拥有迷人的气质和修养的女人首先是一个具有内涵的女人，她也许外表不漂亮，但却有自己独特的魅力，她是一个内心饱满，有着自己的想法和个人空间，同时也有独到品位的女人。因此，修炼成为气质女人要注意以下三点：

第一，要有知识美。读书是求知的主要方法，但不能只知道读书，而不关心日常生活中的知识。女性的知识美要能表现出丰富与灵活，它不能只来自书本，更要来自常识，来自对生活或大家所关心的事物的了解，只有将书本上的知识与生活中的常识相结合，才可构成一种丰富而又灵活的知识美。腹有诗书气自华，一个有深厚教养和坚定信念的女性，自然能体现出非常吸引人的美的风度来。今天的女性应在培养才智方面多下工夫，只有如此，才能使你的风度充满智慧的光环，显示出经久不衰的魅力。

第二，要具有良好的品格和心态。要尽量做到扬长避短，在你的性格中如何去芜存菁，据瑜弃瑕，这是需要你付出最大努力的。你可以把你的丰富感情导之于爱，把你的善良天性导之于美。修养你的个性，正如栽培一株大树一样，必须要砍去杂乱的枝杈，才能维持它的正直壮伟；同理，你必须注意克服你所有的复杂纷纭的感情，统归于“爱”。因为有爱，生命才能持续；因为有爱，人生才有光彩。同时，还要培养自己热情向上的人生态度，善于动员潜在的美质，使外在的美更富于灵性，也更加瑰丽。热情的人生态度，可以弥补形体的平凡和缺憾，使人们的视线更富于穿透力，能够看到心中活跃的那个倍加可爱的天使。努力把一切外在之美，归之于心灵的、永恒的美的境界，使它绝缘于现实世界之外。紧紧握住了它，你才能使自己的性格涂上一层超然物质，展现出恬淡高雅的气质。应有一种文雅娴静的风度美。温文尔雅、不落俗套，娴静、温柔、细致，给人以端庄的感觉，也使人感到亲切。

第三，要有艺术美。艺术修养关乎一个人的气质，比前两者更为重要。你不一定要使自己成为艺术家，但你要有一定水准的欣赏力。你应该知道哪一类画是美的，哪一类古董是值得欣赏和珍藏的，哪一类音乐是好的，为什么自然的胜过人工制作的。当你有了这种鉴赏力，你便会知道哪些举止是高雅的，哪些举止是粗俗的；哪些化妆是高级的，哪些化妆是低级的；哪些衣服是美的，哪些衣服是丑的；哪些人的言谈举止是可以仿效的，哪些是必须摒弃的。有了这种鉴赏力，你才有选择力，才有取舍的标准，你才懂得朝哪个方向去雕琢自己，才会明白什么标准是你所要达到的。这是艺术修养，也是帮助你形成高雅气质的必备工具。

总之，女人本身所特有的气质是自己与他人的主要区别，它既是女人的代名词，也是女人的品牌。品牌是一种无形资产，它可以增加你的魅力，又可以使你的成功最大化。女人一旦将气质变为品牌，就像拥有了神圣的力量似的，从而将成功握在自己的手中。所以气质女人提升了美丽的内涵与品位，展现了一种丰厚的大雅之美，这种丰厚可以让女人享用一生，美丽一生。

5

女人的气质在细节中提升

女人的气质是一种内在修养的外溢，是精神的雕塑，是血管里流淌的自觉，是灵魂绽放的花朵，不但不会随着青春的易逝而失色，反而会在岁月的浸润下变得更加宁静端庄,优雅平和,光彩照人。气质是一种智慧,于点点滴滴细节中,对女人进行着精雕细琢;气质是一种个性,蕴藏在活出全新自我的成长过程中,造就出与众不同的韵味;气质更是一种修养,洗练出超凡脱俗的“女人味”。因此,正在追求幸福与成功的女人们应该有意识、有责任反思我们的种种细节习惯,在细节生活中提升女人的气质。

2004年5月,第57届戛纳电影节上,最佳女演员得主上台致谢:“这是我一生中最难忘的时刻。”她带着东方的素静神韵和西方的明艳光彩,征服了世界各地的影迷,“谋杀”了现场记者无数的胶卷。她,就是张曼玉。一个在银幕上有着千种面貌,万种风情的女人;一个从花瓶到影后,在岁月与镜头里不断修炼着的女人;一个气定神闲,雍容华贵,平淡自然,从生命深处散发出独特魅力的女人。看着她刚出道时的照片,只是一个清纯无知的少女,长着两颗小虎牙,不算太漂亮,也不算有气质。十几年过去了,身材高挑,皮肤细腻的张曼玉已经四十多岁,岁月的痕迹已经爬上了眉眼之间,但她的美丽却比年轻时来得更为抢眼,丰富的生活经历为她增添了许多妩媚和女人味,不时散发出成熟高贵、淡定从容的气质,走到哪里都闪闪发光。她眼界开阔,脚步自由,喜欢挑战,敢于冒险……她的美丽已经从电影里延伸到电影外,如今许多人提到她,喜欢她,已经不再是因为某部戏或是某个微笑。更多的是,她所带给大家的一种精神,一种让人无法去忽视的光亮。张曼玉身上有一种神韵,这种神韵不仅体现在她从容、淡定的表情和举止上,也体现在各大重要场合举足轻重的着装上,甚至她笑的时候,唇边出现的那两道弧度都有神韵在流动,这种神韵就是气质。

这般气质的女人,是经过岁月洗礼的浪漫与美丽。气质与修养不是名人的专利，它是属于每一个人的。气质与修养也不是和金钱、权势联系在一起的，哪怕你是这个社会中最普通的一员，你也可以拥有你独特的气质与修养。因此，做一个气质女人，不需要多么美艳，而是需要一些细节特质，需要我们从生活中的每个细节着手，不断完善自己。比如，有很多女人以为只要时时注意打扮自己，就会有气质，就会有魅力，这种想法真是大错特错。有的女人很有钱，会花很多钱买很多衣服，可是这些昂贵的衣服穿在她的身上，别人丝毫不会觉得美丽，反而会觉得她很肤浅，没有品位。如果想要提升自己的气质，做到气质出众，最重要的是要不断提高自己的知识、品德修养，不断丰富自己，多读书，多思考。当然，谈吐和适当的装扮也很重要。说话时要注意分寸，巧妙措辞，避免使用一些低俗和粗鲁的语言，礼貌地回答别人的问答，使自己的言谈举止既大方得体，又不显得矫揉造作。同时还要多关注一些关于时尚、服饰、配饰方面的信息，要学会选择适合自己的服装，让自己出现在任何场合都能衣着得体。追求美是女人的共性，但总有许多女人却因为求美心切把自己打扮得过犹不及。之所以这样讲，那就是她们或许原本青春朝气，却要模仿别人的端庄成熟，原本成熟丰韵，却硬是要像人家小姑娘那样弄出些红衣绿裤歪帽子……显然这种美是很不得体的，尽管她们的愿望是好的，但总会让人觉着像吃了一只苍蝇，折煞了风景。那么，如何打造自己的独特气质，如何从生活中的每个细节着手，不断完善自己呢？

第一，多照镜子。镜子并不是自恋的代名词，事实上，镜子是你忠实的朋友，通过它，你可以发现自己的优缺点。更重要的是，每天对着镜子说一遍“我很美丽”，这会带给你更多的自信，唯有爱自己，才会更美丽。

第二，保持快乐的心境。每个人最闪亮最有魅力的时候往往是他最快乐的时候。一个整日愁眉苦脸的人，通常美不到哪里去。情绪可以轻易改变一个人的气质，所以，每天都学会保持快乐的心境，你会从内到外地发光。

第三，设计你的气质声音。一个有魅力的女人，说话的声音一定不能大。但在繁忙喧嚣的现代生活中，女人往往忘记控制音量，不自觉地提高声音，没有了女性特有的优雅。其实，声音是女人的第二张脸，好好地修饰它，让它或者圆润或者甜美或者妩媚，会让你的爱情和事业更加成功。

第四，控制口腔异味。作为一位举止优雅的气质美人，你当然不希望口腔异味使你的魅力大打折扣。众所周知，大蒜和洋葱是口腔异味的最大来源。但事实上，真正的罪魁祸首，其实是由于口腔过于干燥，而导致细菌在口腔内滋生繁衍，引起口臭。避免或消除口腔异味，才能轻轻松松地做一个自信的气质美人。

第二章

修心养性,强化品格:美好心态让女性气质永远闪光

良好的心态有利于良好地表现自身的修养和气质。幸福不是女人未来要有的状态,而是现在要具有的阳光心态。心态好的女人能包容别人,不会用别人的错误惩罚自己,能从容地面对世事纷争,显得平静而超脱。这样的女人会彰显出特有的气质和魅力,会凭借自信、优雅与内涵,展示出超凡脱俗的一面,成为受人尊重和欢迎的女人。

1

自信心态蓄养女人好气质

在女人诸多的优良品质中，"自信"应该排第一位。心态决定一切，尤其是你对自己本人的态度，这不仅决定着每一件具体的事情的结果，更决定你将面临一个什么样的命运。这就是自信的全部意义。自信心是女人美丽的源泉，它比美丽的外表更历久弥香。拥有了自信，就能让你由内而外散发出一种迷人气息，变得更有魅力，变得更加美丽。在这个充满物欲和浮躁气息的社会里，自信让女人有一种恬淡脱俗的美，自信让女人积极上进。因为自信让女人有不顾一切的动力，甚至不惜牺牲生命去达到理想目标，在这样的情况下，女人更容易在追梦的路上获得成功。

在这个处处充满竞争的社会，那种自怨自艾、柔弱无助的女人已日渐失去市场。男人不再是女人的主宰，女人也早已不是男人的附庸。"男人追求的极致是成功，女人追求的极致是幸福"的名言也日渐黯然失色。女人学会自我拯救和自我完善永远是最重要的。渴盼男人赐予你幸福永远是被动而不安全的。那些浑身上下充满自信的女人，总能游刃有余地掌控自己的命运，相反，缺乏自信的女人却总是被命运捉弄。就像众多美女们想成为诸如电影《2046》里的黑珍珠，《甜蜜蜜》里的展翅一样，她们皆希望同主人公一样因为独立而显得充满自信，令自己平添了一种令人赞赏的迷人气质，让美女的价值倍增。

赖斯是一位镇定自若、优雅迷人、极度忠诚、虔信宗教的女性。她是美国历史上最年轻的，也是第一位女性国家安全事务助理。作为一位政坛上的女强人，她杰出的从政之路源自她的自信。

赖斯从小受到严格的学科训练：古典音乐、文学、语言、芭蕾和运动。父母一直以“白人文化”的标准来要求赖斯。父母的信条是：所有人都是平等的，我们不应该由于自己所属的民族而受到歧视或者偏爱。任何人的价值都不是通过肤色或性别来决定的，而是通过个人的自身成就。作为黑人，应该比白人付出更大的努力才能与他们并驾齐驱，并最终超越他们。

从知识的增长到各项技能的培养，从艺术到政治，赖斯付出了比常人更多的艰辛，也取得了比常人更大的成就。她继承了母亲对音乐的热爱，也受到热衷于历史、时事和运动的父亲的影响。平时，父母一有机会便会带着小赖斯到各所大学里走走看看，开阔她的眼界，激发她的求知欲。每当赖斯遇到挫折的时候，父母就给赖斯灌输自尊自信的意识，给予她巨大的支持和鼓励。赖斯自己也曾说：“我的父母非常有战略眼光。他们让我充分完善了自身，让我将白人世界所推崇的事情做得非常好，因此种族歧视者不能轻视我。我可以用白人社会的方式来对付他们。”

正是在这种严格并且明智的家教影响下，赖斯变得非常自信，她无论选择哪一种兴趣、特长，都能做到最好，并让她得以尽情地发展自己的兴趣爱好，尽情地追求自己理想中的精神家园。也正是在自己的不懈努力下，赖斯从一个普通的黑人小姑娘成长为一代美国政界的第一女强人。

作为美国国务卿，赖斯是有史以来美国政府里最有影响力的女性，也是世界上最著名的黑人女性之一。她有着不平凡的人生经历，做过学者、教授、教务长和外交政策顾问。在政府里，她对总统的影响力可能是最大的；在传统上由男性主宰的领域里，她是一位升迁到最高层的黑人女性。

这就是自信的女人赖斯，她坚信韦尔奇的一句话，“命运是不可以设定的，但是你可以管理的”。凭着这份执着，凭着这份坚韧，再加上这份自信，赖斯成功了，她给世界一个又一个的精彩，给世人一个又一个的奇迹。正是这种自信，使她在人生每个重要的关头，都能大胆出新，赢得人生的胜局。其实，我们每一个人也都会拥有属于赖斯的那份美丽和那份成功，只要你自信，只要你相信自己一定可以，那你就一定可以。作为女人，一生中要扮演很多角色。而无论扮演哪个角色，没有自信心都无法成功。信心对于立志成功者具有重要意义，成功者大都有“碰壁”的经历，但坚定的信心使他们能通过薄弱环节，搜寻到隐藏着的“门”或通过总结教训而更有效地谋取成功。有人说：成功的欲望是创造和拥有财富的源泉。人一旦拥有了这一欲望并经由自我暗示和潜意识的激发后形成一种信心，这种信心便会转化为一种“积极的感情”。它能够激发潜意识，释放出无穷的热情、精力和智慧，进而帮助其获得巨大的财富与事业上的成就。所以，有人把信心比喻为“一个人心理建筑的工程师”。在每一个成功者的背后，都有一股巨大的力量——信心在支持和推动着他们不断向自己的目标奋进。

自信让女人从内而外散发出一种力量，这种力量让女人总是以乐观积极的态度，面对人生的各种挑战。自信让女人保持最佳心态，增强进取的勇气；自信是挖掘女人潜力的最佳法宝，让女人在事业上屡创佳绩。因为我们只有坚定地相信自己，才敢于奋力追求，实现自身价值，才敢于去干事，也才会真正激发自己的潜能。生活中的许多问题、困难，实际上正是来源于你的信心不足，一旦获得了自信，许多问题就将迎刃而解。任何一个女人都可能存在这样那样的不足，但是如果在不足面前让自己成为抱怨者，那么一生只能与失败为伍了。

如果我们用自信与实际的行动来证明自己，那么即使有诸多不足，也能促使我们成就一段不悔的人生。

2

积极乐观，用正能量武装自己

一个人拥有什么样的心态就会有什么样的行为方式，而行为方式又决定着一个人的人生走向。良好的心态能成就一个人，不良的心态也能毁掉一个人。一个女人，如果没有良好心态，智商再高也会受到生活的嘲弄。成功学的始祖拿破仑·希尔说，一个人能否成功，关键在于他的心态。成功人士与失败人士的差别在于成功人士有积极的心态，而失败人士则习惯于用消极的心态去面对人生。有些人总喜欢说，他们现在的境况是别人造成的，环境决定了他们的人生位置。这些人常说他们的想法无法改变。但是，我们的境况不是周围环境造成的。说到底，如何看待人生，由我们自己决定。我们要端正自己的心态，用积极、乐观的态度去面对生活，你会发现，生活中不如意的事情变少了，自己的心情也越来越好了，自然就会容光焕发，美丽动人。

二战时期，一位叫瑟玛的年轻女子不幸滞留在沙漠附近的一个地方，当时的条件相当恶劣，高温、饥饿、孤独包围着她。她感到自己实在受不了，觉得与其留在这里，还不如蹲监狱，死掉算了。后来，有一句话改变了她的生活态度和消极情绪，使她开始喜欢沙漠生活，欣赏沙漠里的日出、日落，并且用手势主动去接近当地的土著人。这句改变了她对生活看法的话就是：“两个人从监狱的铁栏往外看，一个看见烂泥，另外一个看见星星。”后来，瑟玛成为一名作家，而这段沙漠生活则成为她创作的重要素材。

积极的心态是为了拥有更好的未来。我们所生活的环境，似乎无时无刻不在向我们低语，要让我们接受这个消极的、负面的世界。大部分的人认为，只有加入这种消极的世界观，才是“领悟人生，走向成熟”。可是，比起消极的想法，积极的想法才是更“现实”的。我们难道不是把更有利于我们选择的行为叫做“现实”吗？无论何时，你都要铭记一点，这个世界上，思想积极的人少之又少，但是，真正主宰世界的人，正是那些态度积极的人。如今，越来越多的人喜欢用“正能量”来引导自己。特别是职场中，有人遇到挫折、心情不快时，经常有人站出来说：“咱换个话题，来点儿正能量的……”事实上，话题的转换并非重点，重点在于今天的我们开始重视用积极的心态调整自己，引导自己远离消极。人的内心好比一座“能量场”，既隐藏着自信、豁达、愉悦、进取等正能量，又暗含着自私、猜疑、沮丧、消沉等负能量。这两种能量，可以说是此消彼长的关系。因此，当正能量不断被激发时，负面情绪会逐渐被取代，我们的幸福感也会慢慢增加。

记得一位哲学家讲过：“生活像镜子，你笑它也笑，你哭它也哭。”这是因为乐观的思想意识能够指导人们采取积极的行动，促进事物的良性发展；相反，悲观的思想意识会引导人们采取消极的行为，对事物发展产生阻碍作用。世事难料，不如意之事十之八九，经常会有一些我们难以预料的事发生。如果一个人心态良好，积极面对人生，时时刻刻以挑战者的姿态准备迎战挫折与困难，那么最终一定能够到达成功的彼岸。反之，如果心态不好，做任何事情都没有动力，消极怠工，遇到困难更是小题大做，怨天尤人，那么再小的问题都会成为成功路上的绊脚石。所以我们要学会以乐观的心情微笑着面对生活，这样生活才会回报给我们微笑。

美国宾州大学的塞利格曼教授曾对人类的消极心态做过深入的研究，他指出了三种特别模式的心态会造成人们的无力感，最终毁其一生。它们是：

(1)永远长存。即把短暂的困难看作永远挥之不去的怪物，这是在时间上把困难无限延长，从而使自己束缚于消极的心态不能自拔。

(2)无所不在。即因为某方面的失败，从而相信在其他方面也会失败。这是在空间方面把困难无限扩大，从而使自己笼罩在失败的阴影里看不到光明。

(3)问题在我。即认为自己能力不足，一味地打击自己，使自己无法振作。这里的“问题在我”，不是勇于承担责任的代名词，而是在能力方面一味地贬损自己，削弱自己的斗志。

朋友，你有过这样的情形吗？如果有，请尽快从消极心态的阴影里解脱出来。积极乐观地面对人生，是一份豁达，更是一种向上的人生态度。成功时，乐观的一笑会让你品尝到胜利果实的丰盛与甜美；失败时，乐观的一笑则会为你提供东山再起的勇气与力量。古人云：行至水穷处，坐看云起时。古人尚且有在山穷水尽时坐看天上的风云的洒脱，何况我辈青年？就让我们以乐观的心态去笑对人生吧！

3

耐住寂寞扛住诱惑，别被浮躁感染

在人生的旅途中，寂寞往往是生活的常态，诱惑也时常与人相伴。寂寞和诱惑这对孪生兄弟一直潜伏在我们身边，潜伏在我们人生的路上。在我们追逐自己的成功，实现自己的目标过程中，每个人都要时刻提防着不被它们打乱了前行的脚步。寂寞不是人生最精彩的部分，却是人生最不可缺少的内容，而且正是寂寞成就了精彩，正是寂寞地付出，才让人收获了丰盛的果实。没有寂寞，便品尝不到成功的喜悦；没有寂寞，就难以让人生变得丰富多彩。

2012年10月，我国文坛最火的喜事莫过于莫言荣获2012年诺贝尔文学奖，莫言能成为首位获此奖的中国籍作家，的确值得庆贺和喝彩。而他的成功，就是因为他战胜了心灵的寂寞，在写作中体验到了诸多乐趣。莫言1955年2月出生于山东高密县河崖镇大栏乡，自1981年在河北保定的《莲池》第5期上公开发表第一部短篇小说《春夜雨霏霏》始，迄今为止发表了80多篇短篇小说、30部中篇小说、11部长篇小说，出版过5部散文集、一套散文全集、9部影视文学剧本，两部话剧作品。他的作品还被广泛地翻译成英语、法语、西班牙语、德语、瑞典语、俄语、日本语、韩语等十几种语言，是我国当代最具世界性知名度的作家之一。

莫言的文学创作，风格独特、语言犀利、想像狂放、叙事磅礴，在新时期以来的我国文学创作中独具魅力。《纽约时报》书评曾说，莫言是一位世界级作家。诺贝尔文学奖获得者、日本作家大江健三郎对莫言的文学成就很推崇，认为他的创作代表了亚洲的最高水平。

莫言和他的作品荣获了海内外诸多奖项：1987年全国中篇小说奖、1988年台湾联合文学奖、1996年首届大家·红河文学奖、2001年第二届冯牧文学奖、2001年法国儒尔·巴泰庸外国文学奖、2002年首届鼎钧文学奖、2004年第二届华语文学传媒大奖·年度杰出成就奖、茅台杯·人民文学奖、法国“法兰西文化艺术骑士勋章”、2005 年第十三届意大利诺尼诺国际文学奖、2006 年日本第十七届福冈亚洲文化奖、2007 年“福星惠杯”《十月》优秀作品奖、2008 年香港浸会大学师姐华文长篇小说红楼梦奖、2011 年因长篇小说《蛙》获第八届茅盾文学奖。

莫言的长篇小说《酒国》出版于 1992 年。那时下海大潮汹涌，文学突然冷落。莫言却闲居在高密家里，有充分时间构思和斟酌这部作品，其中每一章都用“酒博士”习作小说的方法来戏仿现代文学史、政治史上的各类文体，每一篇都惟妙惟肖。小说写高院调查员丁勾儿奉命去酒国市调查“吃婴儿”事件，但他还没有真正进入酒国，就在煤矿招待所被酒国市宣传部长、矿党委书记等人劝酒灌倒了。丁勾儿的工作还没有正式展开，就不幸地掉进粪坑淹死了。这部小说含义丰富，对中国吃文化、酒文化有很深的思考，尤其对疯狂追逐新奇特食品的嗜好，描写得极其精彩。

莫言获奖后，很多人根本不知道莫言是谁。由此可见，莫言不是沽名钓誉、追逐名利的人，也说明纯文学创作这条路冷清得厉害，莫言是甘于寂寞的作家，要知道，他的佳作《蛙》是已经获得了茅盾文学奖的，居然还没有多少人知道。

获得大奖后，狂喜之后的莫言仍很淡定，他说：“高兴一个小时后，继续写作。”这么多年来，莫言就像他的名字一样，没有过多发言，默默地坚持着自己的写作工作，并力求用作品说话。

莫言成功的背后，可能有很多因素，但有一点是最重要的。那就是他在寂寞的写作中体验到了乐趣，悟出了文学的精华，才让他坚持了下来。莫言从开始创作到现在仍然笔耕不断，已经三十多年了，一个人若没有强大的心理素质，是难以坚持下来的。任何成功都是在孤独寂寞中诞生出来的。谁能战胜心灵的寂寞，体验到工作的乐趣，谁就有可能在工作中获得更多的成功机会。成功只属于能够忍住孤独、寂寞和不懈奋斗的人。

寂寞是对心灵的洗礼,也是一种人生态度。一个人只有耐得住寂寞,才能冷静地思考人生的方向,才能正确看待自己。寂寞教会你乐观,诱惑教会你洒脱。耐得住寂寞代表你成熟,经得起诱惑代表你坚韧。学会与寂寞、诱惑为伴.不断升华你的生命价值。如果你想成功,就要耐得住寂寞,经得起诱惑,因为成功的辉煌就隐藏在寂寞和诱惑的背后。在工作过程中,让自己品味寂寞,品味工作的价值,你会发现,自己的工作不但有很多乐趣,还更有意义。从古至今,大凡成就伟业的人,都是孤独寂寞的。但是这种孤独寂寞是暂时和局部的,只要耐得住,挺过去就是艳阳天。没有孤独,没有痛苦,就不会有幸福和成功。“十年窗下无人问,一举成名天下知。”我们要想取得成功,就要耐得住孤独和寂寞,在工作中奋斗。

阿兰在读大学时,她最怕的事情就是画画,经常对人自嘲,说自己没有画画的天赋。没想到毕业十多年后,她不但是某中学的模范老师,还成为当地小有名气的画家。

十多年前,她从师范毕业,被分配到本市最偏僻乡镇中学教书,全校就她和另外一名代课教师,教的是复式班。学校离家近百里,得先走10多里小路,再坐班车,中途还得转车,到城里也是一样。对于刚过20岁的女孩来说,这简直是一种折磨。

生活的苦,她都可以忍受,因为她本身就来自农村,最难受的是孤独和寂寞。没有广播,没有电视,没有朋友,在漫漫长夜中,她经常是睁着眼睛想心事,想到以后自己就要与这种生活为伴了,她有点绝望,不知道该如何度过。

刚开始的几个月,寂寞的她每夜都是以泪洗面。后来,她也想明白了,分配到这儿,没有个三年五载,自己别想调走。既来之,则安之。她说服自己后,重新捧起书本来看,为排遣寂寞,她拿起了画笔。她想:“上学时我怕同学笑话我画得不好,现在没人笑话了,我何不敞开心来画。”

就这样,她除了做好自己的本职工作外,每天就用画画来打发单调的日子，一晃就是十二年。十二年，4000多个日日夜夜，孤独和寂寞成就了她，知识的积淀，生活的历练，厚积才能薄发，她有话要说，有思想要表达，她把自己对世事的观察、心灵的感受诉诸笔端，用画笔画出了她的寂寞生活。没想到在不经意间，她就成了小有名气的画家了。

有人说，画画不但让人不再寂寞，能够从中得到异样的满足，还能让自己宣泄情感，变得自信，因为你会发现你有自己的优势，更重要的是，画画能让你脱离尘世，发现生活和工作更有意义。自从阿兰学画以后，她的教学工作也取得了不错的业绩，并因此而调入城里的知名中学。

两年前，阿兰成功地在市里举办了画展。现在她的画升值很快。有许多人高薪聘请她去大公司做设计，市内一家大型杂志社多次邀请她去当美编，连家人也劝她辞掉教师工作，专职画画，这样会让她很快发家致富的。

阿兰却拒绝了。她说："我当初学画，就是缘于自己教学工作的寂寞和清闲，才让我有更多时间画画的。迷恋上绘画后，我深深地感觉到，自己的本职工作是多么有意义，当我站在讲台上，看着同学们求知的眼神时，当我看到他们听我讲课时那入迷的神情时，我恍然明白，这才是做教师的最大快乐。"

阿兰之所以能在绘画上有成就，是因为她在寂寞的教学工作上悟出了工作的道理，才让自己在教学工作中体验到了乐趣。如果当年她不用绘画压倒寂寞，或许就不会有今天的成就。每一个在工作或是某方面有成就的人，都有一个共同的特点，就是长期默默无闻地辛勤耕耘和忍受孤独寂寞地苦苦奋斗。有的人苦苦追寻成功的真谛，但就是找不到。其实不是找不到，而是他做不到。他们害怕孤独和寂寞，他们不愿付出。他们喜欢热闹，喜欢寻乐，他们今天走进大酒店，明天走出迪厅，试想，这样的人能成功吗？成功，只能属于那些无畏于孤独、寂寞和辛勤工作的人。

4

知足常乐，保持一颗平常心

女人要知足常乐，要保持一颗平常心，如果遇到不顺心的事就静下心来想一想，给自己出出主意。或是找朋友聊聊，互诉衷肠，说不定你会“柳暗花明又一村”！要约束自己，管好自己，调节好心态，那么，人际关系、生活、工作问题就会迎刃而解，前面就会是一片艳阳天。老子在《道德经》中说：“祸莫大于不知足。”讲的就是知足常乐的道理。知足，就是对现有的生活或者状态感到满足，不去刻意地和别人盲目攀比，时刻保持一种平和的心态。但现实生活中，我们却总是“这山望着那山高，那山又觉得这山耸”，殊不知，其实两座山是一样的，只是自己永不知足的心在作怪罢了。这种人永远不能得到满足，快乐也就不会光顾他们。只有知足的女人才能认识到永无止境的欲望所带来的痛苦，于是干脆去压抑一些根本无法实现的愿望，看起来虽然比较残忍，但它却能减少许多痛苦。

有这样一个寓言故事：有个人得到了一张藏宝图，图上指出在密林深处有足以让所有人心动的宝藏。这个人立刻准备好了一切旅行用具，甚至不忘带上四个大口袋来装那些“即将到手”的宝物。

一切就绪后，他进入那片密林，一路上披荆斩棘、跋山涉水。他先找到了第一份宝藏，在看到那些金子的时候，他被眼前的金光灿烂震撼到了。他马上掏出袋子，把看到的所有金币都装进了口袋。等他离开这个地方的时候，看见门上写着一行字："知足常乐，适可而止。"

"知足常乐"的警示并没有让这个人警醒，他想：没有一个人能看着这么多金子无动于衷的。于是，他没留下一枚金币，扛着大袋子来到了第二个宝藏处，里面储藏的是堆积如山的金条。这个人依旧把所有的金条放进了袋子，当他拿起最后一条时，上面刻着："贪心让人步入深渊。"但是一心想发财的他，完全忽视了这个警告，迫不及待地走向了第三个藏宝的地方。

第三个藏宝的地方有一块磐石般大小的钻石。这个人的眼睛马上就亮了，他贪婪地拿起钻石，放入了袋子。等拿到钻石之后，他发现这块钻石下面有一扇小门。他心想：这个门的下面一定有非常多的财宝。于是，他一点也没有犹豫，就打开门跳了下去。谁知，下面并不是金银财宝，而是一片流沙。这个人在流沙中越陷越深，最终与金币、金条和钻石一起长埋在流沙之下。

人生是否快乐，关键看你是否知足。俗话说"欲壑难填"，人的欲望是无止境的，一种欲望满足了还会有更多的欲望滋生，若欲望太多太高，则永远得不到满足和快乐。如果这个人在看了警示后懂得适可而止，能在跳下去之前多想一想，那么他就会平安地返回，成为一个真正的富翁。不知足的可怕之处，不仅在于摧毁有形的东西，而且能搅乱你的内心世界。你的自尊，你的原则，都可能在贪心面前垮掉。生活在现实中的人，要保持一种知足的心态，正确地看待自己，宽松地对待别人，努力与周围的环境保持和谐。人生活在社会中，自然要与他人、与社会发生这样那样的联系，这就有一个以什么样的心态和方式去做人做事的问题。一个人如果能够保持知足的心态，就能不被物欲束缚住心灵，不被狭隘遮挡住视线，妥善处理方方面面的关系，更好地干事创业，实现自己的人生价值。

有个年过70但仍然未婚的女人，她一生都在寻找完美的伴侣。人们问她为什么？她说："我像你们这个年纪的时候，就发誓要寻找到一个完美的男人，嫁给他做妻子。于是我从自己的家乡开始寻找，一个城市又一个城市，一个村落又一个村落，但一直到现在……"老人的话语中带着些许哀叹，似乎在感叹时间的飞逝。

"那么您究竟找了多长时间？"一个年轻人问。

"我已经找寻了六十多年。"老人说。

年轻人不解："可是在这六十多年里，您难道都没有找到过完美的男人吗？会不会这个世上根本就没有完美的男人呢？那您不是永远也找不到吗？"

"不，这个世界上有完美的男人，我在三十年前就曾经遇到过。"老人喃喃地说。

"哦！可是您为什么不嫁给他呢？"年轻人急切地问。

老人的思绪似乎又回到了当年的情景中，"在三十年前的一个清晨，我真的遇到了一个最完美的男人，可是……可是他却在寻找这个世界上最完美的女人……"

有时候，命运就是会这样捉弄人，追求完美的女人偏偏遇上了追求完美的男人，在她追求完美的同时，却没有想到自身是否完美！在这个世界上，有时完美是一件美好的事物，因为有了它，那些知道自己有缺点的人会感到惭愧，从而会更加努力，以使自己成为更完美的人。可有时，完美也是一件可怕的事物，如果你每做一件事都务必完美无缺，那么你可能会背负沉重的心理负担而愈加闷闷不乐，人生有很多不幸皆由追求完美而导致。有人说，完美主义是化了装的魔鬼，它破坏人们原本和谐的生活，使人们与身边唾手可得的幸福擦肩而过。所以，为了让自己生活得更轻松，更愉快，请放弃追求完美，学会知足常乐。知足常乐是一个人生避风的港口。休憩整理后,毅然前行,来源于自身平和的不竭动力。女人真正做到知足,才能多一些从容,多一些乐趣。

5

富有爱心让女人散发出醉人的芬芳

爱就意味着你愿意且有能力去付出。爱是高尚的情感,富有爱心是情商高、智商高的表现。富有爱心的女人是美丽的,善良的女人是美丽的,会忍让宽容的女人是美丽的,有积极进取心的女人是美丽的,具有奉献精神的女人是美丽的……美丽不仅仅是外表,还是一种人格、一种文化、一种修养、一种品位、一种美好情趣的外在表现。如果一个女人没有动人的外表,但却有着天使般的爱心,她也会如同天使般美丽动人。心理学家巴达斯被问及:"哪些是人类今天最基本及最深切的心理需要?"她回答说:"人类需要爱。"是的,人类需要爱心。爱心是人际交往的指路明灯,爱心能打开人际间的心灵通道,爱心能使人的境界变高,爱心能使人成功和幸福,爱心能使世界变得更美好。

有这样一个真实的故事:美国一位大学的教授和他的学生来到黑人贫民窟搞调查研究,预测该地区的250名黑人孩子将来的前途。令教授忧心的是:他的学生在报告中预测,这些黑人孩子将来会无所作为,成为社会的负担。30年后,教授去世了,他的一位同事发现他当年的报告。好奇心驱使这位同事来到当年的黑人贫民窟。他看到，事实并没有报告的结论那样令人沮丧，相反，发生的一切让这位同事佩服得五体投地。原来调查的250名黑人孩子中，除了18人离开家乡，无最新消息外，其余的232人都成绩斐然，他们中有的人成为企业家，有的人成为大律师，有的人成为著名影星。教授的同事逐个采访了这232人，追问他们何以能成功？这些人说的最多的是："应该感谢我们的小学教师。"同事费尽周折找到了那位小学教师，此时，她已是白发苍苍的老人，说话不太清楚，可是有一句话同事能听懂："I love these children(我爱这些孩子)。"

这个故事让我们想到了英国伟大诗人罗杰斯生前和朋友们谈的最多的话题。一个小女孩人见人爱，有人问她："为什么大家都那么喜欢你？"小女孩天真地说："我猜，大概是我爱每一个人的缘故吧。"爱心与责任心、同情心、善心、良心联系在一起；爱心以善良、奉献、热情、忍让、感恩、乐观为基础。爱是一切行动的源泉。有爱心的人，必然对人热情。热情具有巨大的感染力，你的热情将潜移默化地感染你身边的人.没有人愿意跟一个整天都提不起精神的人打交道。热爱是最好的老师，努力地去干自己最想干的事，投入100%的热情，把工作和学习当成一种娱乐，并享受在其中，这样就会在不知不觉中取得惊人的成就。有爱心的人，必然有颗体贴人的心 。体贴他人的感情。不要急于求回报，把帮助他人而得到的欣慰作为最好的回报。给人以真诚的关注，让每个遇到你的人都感到他(她)是重要的。有爱心的人，必然有颗忍耐的心。忍他人之不足。遇见不如意的事，不麻烦，不急躁；遇见不顺心的人，不心烦，不冒火。听见刺耳、埋怨的话，不生气，不顶撞。有爱心的人，必然有颗感恩的心。感谢父母的养育之恩，感谢老师的教育之恩，感谢朋友的关怀之情，是他们使自己增加了见识、增长了智慧、磨练了才干。感谢我们赖以生存的环境：阳光、大地、空气，还要感谢所有使自己坚定成就的人。甚至感谢批评、斥责、伤害过自己的人，是他们使自己变得更加的坚强。以感恩之心来面对每一个人、每一件事，生活将会愈来愈快乐、愈来愈自由！没有爱心的人，不会有太大的成就。不愿奉献的人，不能忍让的人，对人冷淡的人，缺乏爱心的人，就不太可能得到别人的支持；失去别人的支持，离失败就不会太远。有多大的爱心，就会有多大的成绩。

当湖南省永州市蓝山县楠市镇中心小学教师盘晓红连续48天，冒酷暑、顶烈日，走访了15个乡镇的38个自然村，行程千余公里，深入了解了65名孤儿和特困学生的情况，并完成了10多篇调查报告，送到县市教育局、县妇联等单位的时候，她想到的只是：爱，可以创造奇迹，充满教育智慧的爱更能创造奇迹。经共青团、妇联组织牵线，社会上一个又一个爱心人士与孤儿结成对子，65个孤儿和特困学生都得到了不同程度的资助。盘晓红不顾家境清贫，义无反顾地把5个孤儿带在身边，成了他们的妈妈。她给每个孩子都制订了快乐成长计划，读书、唱歌、学英语、体育锻炼、家务劳动、献爱心、写日记成了孩子们每天的必修课。“我只是一名普通的农村教师，只是为家乡的教育发展做了自己该做的事情，更应该感谢的是所有支持农村教育的人们。”盘晓红这样说。

我们做人到底拥有多少成功和快乐，这要取决于我们到底付出了多少爱，又有多少人在爱我们。爱是我们生活中一种很特殊的体验。要想拥有它，最好的办法是给予别人。诚如法国哲学家蒙田所说：“我们每个人都有很多的同情心、很多的爱心，比维持我们生存所需要的多得多，我们应该把它给别人一些，这就是生命开花。”一个富有博爱的爱心，自然能够设身处地为别人考虑问题。你富有爱心，你在精神上就会“富甲天下”。当爱存在时，才会感到“生活真好”。前苏联作家奥斯特洛夫斯基这样说：“人的美并不在于外貌、衣服和发式，而在于他的本身，在于他的内心。”的确，只有爱心才会成就永远的美丽，否则只是一副装饰华丽的外壳而已。好好修炼自己，做一个心灵美而又富有爱心的女人吧！

第三章

服饰整洁，打扮得体：完美妆容让气质脱颖而出

完美妆容是气质女人的重要工程。良好的形象可以表现出你对生活的态度，得体的衣饰也可以使别人看出你的审美修养。因而恰到好处的妆容不仅不会歪曲女人的本色，反而会给她们增加几分韵味。作为女人你必须知道的是，你有着与其他人不同的脸型、身段、肤色与风姿。你是世界上独一无二的人！你不必去效仿别人，你要表现出自己独有的特质。

1

得体的服装，穿出女人的味道

得体的服装既代表着女人的形象，也是体现气质的一个重要方面。因此，女人一定要重视自己的服饰、发型、妆容等。懂得得体打扮的女人，是聪明的女人；善用得体打扮的女人，是智慧的女人。在我们生活中往往有这样的例子：有很多女企业家说，她在企业里顶天立地，一声令下，大伙都佩服。但是当她真正要出席重要场合的时候，就会在头一天晚上准备很长、很长时间，家里的每个角落都堆满了衣服。最后选出一身衣服，第二天穿到那个场合里，却觉得哪都不自信，恨不得把手也藏起来，脚也藏起来。这样的情况每个人可能都有。大家想想，这么优秀的女人，也会那样缺乏形象自信，其他的女人怎么会不是这样呢？如果你是一个女人，如果你是一个公司的老总，你的穿戴就是公司最好的说明书了。"公司文化就是老总的文化！"如果你看起来不像一个企业老总，就不要困惑你的公司为什么不能够出类拔萃，就不要责备顾客不信任你们的产品。你的外表在告诉别人："我的公司不寻求卓越，我不追求品位，就像我们不在乎自己的形象一样。"可见，穿戴可不能随性随爱好，而是要根据你今天到哪里去，去做什么，希望得到什么。

国际通用 TPO 着装原则，TPO 是三个英语单词的大写字头，分别代表时间、地点和场合，意思是说着装要符合时间、地点和场合。你在选择服装时要注意符合要求。比如，正式场合女性适合选择职业套装；较为宽松的职业环境，可选择造型感稳定、线条感明快、富有质感和挺感的服饰。如果想体现其女性的职业能力，则要以服装的质地为重，尽可能考究，且色彩纯正，不易有花纹且不易皱褶。这样的服装给人以端庄、简洁、自重的感觉。对于正式、隆重的公务场合，女性应当选择中品位和格调具有代表性和典型性的，服饰的优良品质是最为重要的，色彩应以黑色和灰色为主色，并应特别注意选配质地优良的鞋子。你代表的不仅是你的个人形象，更是服务机构的形象。总之无论穿着什么衣服，你都要记住，你代表的是什么，你的身份是什么。TPO 法则也是每个女人必须学习的穿衣着装黄金法则。

英国女王曾在给威尔士王子的信中写道："穿着显示人的外表，人们在判定人的心态，以及对这个人的观感时，通常都凭他的外表，而且常常这样判定，因为外表是看得见的，而其他则看不见，基于这一点，穿着特别重要……"其实英国女王并未言过其实。生活中，无论理性或非理性的观点，对人的印象是以衣着和仪容作为评价标准之一。一位不懂穿着、胡乱搭配衣服的女人，即便她气质再好，仍然会让她的美逊色。

晓莉和占伟是一对恩爱夫妻，可是，这只局限于他们结婚后的头两年。之后，随着晓莉怀孕生子，占伟就发现晓莉越来越不注意自己的穿衣打扮，常常蓬头垢面，衣服也不搭调。开始时，他还小心翼翼地给晓莉提意见："我觉得你还是稍微化化妆比较好，你看之前你化妆的样子多好看啊！"但是，晓莉却瞪着眼睛说："还化妆呢，我现在连睡觉的时间都快没了，你都不看我整天忙死了啊！"占伟只能叹口气，对晓莉的邋遢无可奈何。

有一天，占伟正在楼下和人说话，忽然晓莉穿着睡衣跑下楼来，头发也没有梳理，占伟感到很没面子，赶紧借故离开了。

回到家，占伟非常生气地对晓莉说："你看你现在成什么样子了，你在家不注意形象也就罢了，怎么能在外面也随随便便呢?”晓莉却说:“这有什么,我又没光着身子出门。”“你……”占伟气得无话可说,只好随她的便。

只是,从此夫妻之间再也没有先前的恩爱了。

一个有气质的女人是令人赏心悦目的,她要么天生丽质,有漂亮的外表,要么经后天修饰,靠着装打扮让自己变得悦目起来。如果你穿着保守,服饰古板传统,没有一点新意,别人怎么感兴趣呢?不可能每个女人都拥有美貌。如果你的长相并不十分出众,那你就要懂得怎么改变自己、弥补自己的先天不足,通过服装等把自己装扮得体,显示出你特有的魅力。女人都是服饰大师。因为我们都懂得美丽的服饰胜过一切。女人的服装既代表着女人的形象,也是体现气质的一个重要方面。穿衣打扮是每个女人每天的必修课,因为优雅、美丽、自信、快乐的女人才是真正幸福的女人。任何一种女人,只要她愿意,不管高矮胖瘦都可让自己显得美丽。因为世界上没有一个女人的身材是十全十美的。那些舞台或是生活中比较出众的美丽女人,都是通过巧妙的穿衣打扮来展示自己的美。生活,不能没有艺术。而服饰艺术无疑在这一时代首当其冲,服装潮流后浪推前浪地迅猛发展,服装的表现内容和表现风格的丰富,服装款式的更新更加高速化。而女人无疑是站在这潮流的最前端。走在熙来攘往的人群里,那些打扮时髦的女人,漂亮新潮的穿着会使人眼前一亮,一些高雅脱俗的装扮令人心旌震荡。

郑爽是一家时尚杂志的编辑,浑身上下都散发着让人迷醉的美丽,哪怕是一个眼神,一个动作,都是优雅万分的。她所在的杂志社有很多容貌漂亮的女人,她们不惜一掷千金,买下成堆的美容品和昂贵衣裳,办了一张又一张的健身会员卡,可在多数人眼里,衣着普通的郑爽才是最漂亮最迷人的。

为什么她能够如此高雅迷人呢?原因就是她会穿衣打扮,虽然她的衣服不是名牌时装,但是她会根据自己的发型、肤色、身材以及气质来穿衣服，这么一来，她不但能让衣服为自己的形象加分，还会让衣服把自己的缺陷穿出另一种美来。难怪有人称她是“千面娇娃”，因为她“无论穿什么衣服、梳什么发型”，都让她有一种“新鲜、独特的美”，有一种“高雅气质”。

着装作为一门艺术，已经普遍受到人们的重视。对于女士来说，懂得如何用服装将自己扮靓，显得比自己的年龄还重要。女人着装应当体现出自身的职业特点、性格特征和女性的魅力，并且与具体的场景相协调。此外，女人穿衣打扮非常讲究合理的搭配，充分发挥服饰的作用，巧妙掩盖体型的不足。比如，臀部和大腿较肥大，腰部有清晰线条，但较短身材的人穿衣服要注意，不要穿质地柔软贴身的长裙或直身裙，这类衣服会暴露较大的臀部；多穿有垫肩的上衣，这样能平衡较大的下肢；长裙的装束能使身材看起来均匀，近乎纤瘦；束腰的长裙和皮带可强调腰部；不适宜穿贴身的毛衣，因为它会突出肥大的臀部。没有明显的腰肢，臀部扁平的人一旦穿连身的长衣服会给人一种吹胀了气球般的感觉，忌穿贴身的衣料，这会令丰厚的背部表露出来，背心式的宽外套和蝙蝠袖的衣服会加宽和加重背部负荷。总之，气质高雅的女人之美，首先来自她的外表美。

女人需要穿出属于自己的气质的衣服。

2

美肌护肤，爱护你的如花容颜

“皮肤是女人最直观的美”，它同样也是衡量女人美的重要标准之一。

美白肌肤是每个爱美的女人都不间断的话题。只有成为“护肤高手”，现代女人才能心满意足地享受生活！白皙通透的健康肤质也是大多数女性所热爱的，因为它始终代表着纯净无瑕以及优越的生活环境。拥有婴儿一样光滑嫩白的肌肤是每一个女性的期望。有句话大家都知道，“一白遮百丑”，可见肌肤白皙是多么重要，对于一个女孩子来说拥有傲人挺拔的身材、嫩白的肌肤是一件骄傲的事情，也是魅力的体现。对于女人来说，每个人肤色暗沉、不均的原因会有很大的不同，有的人是因为压力过大，生活作息不规律；有的人是因为常曝露在紫外线下；有的人是因为长期被烟熏造成肌肤暗沉，所以肌肤美白的方法要因人而异，具体情况具体分析，肌肤美白才能高效快速。

肌肤一般分为干性肌肤和油性肌肤。干性肌肤不容易长痘痘，但是容易滋生色斑、皱纹以及细纹。干性肌肤的表面干燥缺水，秋天跟冬天的时候最为明显。干性肌肤在秋冬天的时候如果没用滋润保湿护肤品，很容易脱皮、瘙痒，让人很难受。干性肌肤最重要的是保湿，晒后的肌肤更需要保湿，可以使用保湿面膜，办公室的女性可以使用保湿喷雾。保湿是美白的前提，只要进行保湿，美白才进行得更彻底。油性肌肤是最恼人的一种肌肤类型了，因为油性肌肤属于缺水以及油脂分泌旺盛，在炎热的夏天里脸上油腻毛孔粗大，并且容易长痘痘。但是油性肌肤的人有一个好处，就是长斑的可能性比较小。油性肌肤的人一定要坚持早晚使用美白洗面奶、美白爽肤水、美白精华霜。油性肌肤的人要尽量选购一些无油型的美白产品，因为无油型的美白产品，除了美白，不会给油性肌肤增加负荷。另外，油性肌肤的人一定要注意 T 部位的清洁护肤，晒后一定要预防黑头的产生。认清自己的肌肤类型，然后针对不同类型的肌肤对症下药，你也可以拥有白皙嫩滑的肌肤。那么女人怎样才能拥有美白的肌肤呢？

第一，清洁。要想打赢美白这场仗，洗脸是第一步，污垢和堆积的老化角质都会严重影响美白护理工作的进行。总的来说，清洁包括洗脸、卸妆和去角质。不要以为只有化了浓浓的彩妆才需要卸妆，其实防水型的防晒霜、隔离霜也需要用专门的卸妆产品卸掉。洁面时，仔细清洗，也可以借助洁面仪等工具。洗脸时间不宜过长(不超过 1 分钟)，避免皮肤过于干燥。

第二，防护。要说皮肤美白的头号杀手，紫外线是当之无愧的。紫外线不仅引起晒伤红肿、干燥脱皮、色斑形成，长期的影响更是增加了自由基，破坏 DNA 的修复力，直接导致了肌肤的暗沉、老化。选择一款兼具保湿和美白成分的防晒霜，在防晒的同时也能继续强化美肌的效果。不过，皮肤中黑色素的生成是一系列复杂的化学反应，是一个连续的动态过程，需经过相当长的一段时间。如果你认为黑色素只有在白天日照下才会生成那就大错特错了。最新研究表明，黑色素不仅在白天日光照射下生成，还在没有紫外线的夜晚不停地生长、变大，使肌肤失去白皙的光彩。这样，对于黑色素只知其一、不知其二的你，美白工作其实只做了一半。在你认为是美白安全期的夜晚，黑色素正在继续生长，让肌肤悄悄变黑。白天的美白防护很重要，夜晚的美白同样重要。只有 24 小时美白不停顿，才能有相辅相成的美白效果。

第三，护理。无论冬夏，有阳光就有紫外线，有紫外线就会生成黑色素，因此，别以为夏季过去，美白就能松口气了。美白是一年四季都要坚持的工作，365 天，天天都要美白。另外，肌肤会随着生理状况、环境、年龄而改变，甚至影响其血液循环及新陈代谢功能，特别是在夏季，更易因日晒造成各种肌肤问题，所以秋冬季的美白修护一刻也不能放松。除了日常的防晒美白，还要处理夏季的遗留问题，这样才能维持肌肤的白皙细致。美白是一个持续不断的系统工程，偷工减料的结果必定是事倍功半。

第四，营养。美白是一个长期的过程，所以美白也成为女人最关注的，而通过食物来美白肌肤，能起到健康和美白的作用。营养饮食与身体的健康有着密切关系，同样与美丽也有着重要的联系。爱美的女性都知道，饮食要遵循一定的规范与营养理论，才能够保持优美的身段和健康的肌肤。

女人的衰老总是从皮肤开始，而女人的活力也是从皮肤中焕发。一个高级美容师曾说:“世界上最漂亮的时装也比不上一身健美的窗口皮肤。”没有健康的皮肤,再好的化妆、发式也是徒劳的;反之,光洁的皮肤,再配上简单而洁净的妆容,会使人感到女性真正的美。随着年龄的增长,肌肤的衰老的确是不可抗拒的,但我们完全可以让青春的脚步走得慢一些!美容专家提出了以下十种延缓肌肤衰老的方法,减少岁月侵蚀,令你的肌肤青春常驻:

(1)了解自己的肌肤。

不同特性的皮肤对外界的伤害有着不同的敏感度。例如:油性皮肤对各种刺激抵抗力最强,中性皮肤次之,干性皮肤最弱。因此,必须先了解皮肤的性质,才能有针对性地选择护肤品。

(2)体贴细嫩的肌肤。

不要用粗糙的毛巾用力擦脸。否则你的肌肤会因受到刺激而变得粗糙,甚至会加重你脸上的粉刺和其他炎症。

(3)果酸令肌肤更具活力。

皮肤松弛是肌肤老化的第一个迹象。使用含有果酸精华的护肤品,会令你的肌肤更具活力。果酸能够促进表皮细胞生长,加速皮肤细胞的更新,使皮肤清新、细嫩、光滑,富有弹性。

(4)悉心隔离防晒。

阳光中的紫外线、空气污染、不合适的彩妆都会伤害你的肌肤。其中,紫外线对肌肤的伤害远远超过肌肤的自然衰老,它使皮肤粗糙、产生色斑,甚至使毛细血管扩张,而空气污染及长时间停留在脸上的彩妆更容易侵蚀皮肤的健康。平时不要忘了隔离这个步骤,确保肌肤能在温和健康的环境中,免受外界环境压力,过早显示衰老迹象。

(5)多做有氧运动。

运动不仅有益于身体健康,而且对肌肤保养也有好处。适当的运动能加快皮肤的血液循环,有助于细胞吸氧,每周三次至五次,每次 20 分钟至 30 分钟的有氧运动会使你的肌肤保持红润。

(6)为肌肤“食疗”。

你的食谱中应包括一些粗纤维食物，如土豆和各种麦类面包。这类食物富含维生素、矿物质和脂肪酸，对你的皮肤保持良好状态起着重要作用。

(7)调整好睡眠时间。

当你熟睡时，你的皮肤却在不断地进行着新陈代谢，自我调整。因此，如果不能保证足够的睡眠，你的脸色看起来会晦暗无光。充足的睡眠是年轻肌肤的天然美容秘方。

(8)学会放松心情。

压力和忧虑会造成内分泌紊乱，易使皮肤出现各种炎症，如：粉刺、荨麻疹、湿疹。每天抽出 15 分钟至 20 分钟时间放松自己，能令肌肤恢复活力。

(9)摒弃不良表情。

斜视或皱眉都会令你过早出现细小的皱纹，你可以经常保持微笑，尽量避免斜视和皱眉。

(10)戒烟。

吸烟会加速皮肤的衰老，吸烟者面部出现皱纹的机会会比普通人多三倍！年轻的女士，请不要为了无益的“潇洒”放弃细致娇嫩的肌肤。

3

选择适合自己的发型，“梳”出女人味

头发是一个女人很重要的一点。拥有一头光亮润泽的秀发，是每个青春女孩共有的心愿，也是对女人魅力最好的一种诠释。一个女人好的

气质也需要配角的烘托，而发型就是不可忽略的配角。只要把握好自己的风格，找到适合自己的闪光点，发型、妆容、服装相配得当，才会让你焕发无限的魅力。发型是美丽女性很重要的一个因素。一个好的发型往往可以弥补你五官的缺陷，展示人前的是经过包装与修饰的精致五官。其作用不逊色于一件好看得体的服装。比如，高鼻子的女性朋友们可将头发梳理在脸周围，这样从侧面看就可以减少头发与鼻尖的距离。低鼻子女性朋友们可将两侧的头发往后梳，目的是使头发与鼻子距离拉长。大耳朵女性朋友们适宜留蓬松且盖耳的长发型。小耳朵女性朋友们可以尝试边式发型，另外头发往后梳时应用发夹。宽眼距的女性朋友们不妨将头发做得蓬松一点。窄眼距的女性朋友们可将两侧发型做成不对称式。

古时候的中国人最喜欢的莫过于黑色长发的高挑女子，如今，根据肤色和不同的审美标准，我们可以去做不同的颜色。当然要符合自己，只要不盲目地跟随潮流，细心研究自己的头发！相信总有合适的！

小文是一个公司的女文秘，她刚刚毕业不久，有着一头令人羡慕的长发，因为长期留着披肩的长发，因此，小文决定换一个新发型。周末，小文来到了理发店，在理发师的建议下，小文决定尝试一下挑染，理发师帮她挑了一个柴红色，这个颜色很靓，从各方面来说，这个颜色对小文的确很合适。第二天当小文出现在公司时，大家都为之一振，但总经理却把她叫到办公室，说："今天与外商的谈判你就不要参加了，先去把头发给染回来，我不希望让'火鸡'出现在我的谈判桌旁。"小文心里很委屈，但无奈只好再把头发恢复原样……

有这样一句流行语——要想扮靓，从"头"做起。市面上的新潮发型层出不穷，造型奇异，可要成为一位明快、干练、漂亮、灵动的白领丽人，发型上应力求整齐、清新、简洁、易梳理。而对于那些花样百出的罕见发型，还是"忍痛割爱"敬而远之吧。不过，为了烘托单调、沉闷烦琐、紧张的工作，发型也可或扎或盘或放，交替变化，以呈现多样化的风格。

发型永远是女孩子谈不完的话题，也一直是女孩子关注的“头”等大事。作为一名白领丽人，发型的设计，一定要分场合，美是一方面，但更重要的是要在合适的场合中散发出适合的美。要做一个成功的女性，发型可是不能忽视的重点。也许，你会在美丽和职业化两个标准之间摇摆挣扎，但是，只要注意一些基本的原则，美丽和干练就可以兼得。

首先，在选择发型的时候，要考虑到自己的脸型。让头发凸显脸蛋的优点，是应遵循的基本原则。另外，很多人没有意识到的一点是，选择发型还必须考虑到头的大小。在换发型之前，和发型师商量一下，如何让自己的发型更成功。你需要考虑：早上你可以花多长时间在头发上，你使用什么样的护理工具，你的办公环境如何，你做怎样的工作等因素。最后，在这些考虑之上，决定你想要怎样的发型。

各人的发质不同，也适合不同的发型。柔软的头发剪短发，这种发质比较容易整理，不论想做任何一种发型，都非常方便。由于柔软的头发比较服帖，因此俏丽的短发比较适合，能充分表现出个性美。自然的卷发留长发。自然卷曲的头发，只要能利用自然的卷发，就能做出各种漂亮的发型。这种发质如果将头发减短，卷曲度就不太明显，而留长发才能显示出其自然的卷曲美。细少的头发梳发髻。这种发质的人应该留长发，将其梳成发髻才是最理想的，因为这样不但梳起来容易，同时也能比较持久。如果梳在头顶上，适合正式场合；梳在脑后，是家居式；而梳在后颈上时，则显得高贵典雅。直硬的头发要想做出各种各样的发型是不容易的。在做发型以前，最好能用油性烫发剂将头发稍微烫一下，使头发能略带波浪，稍显蓬松。在卷发时最好能用大号发卷，看起来比较自然。由于这种头发很容易修剪整齐，所以设计发型时最好以修剪技巧为主，同时尽量避免复杂的花样，做出比较简单而且高雅大方的发型来。

一个人的发型还要与身材能搭配。高身材者，适合留长发型，但是要适当增加些发型的装饰性。如若梳卷曲的波浪式发型，会对于高身材更有一定的协调作用。但高身材者不宜盘高发髻，或将头发削剪得太短，以免给人一种更加瘦长的感觉。例如,身材修长的女性如梳侧披发或束长发,则显得亭亭玉立,倍增娇美。矮身材者,身材短小,给人以小巧玲珑的印象,适宜留短发或盘发,并可以根据自己的喜爱,将发式做得精巧、别致,追求优美、秀丽。不宜留长发或粗犷、蓬松的发型,那样会使身材显得更矮。可利用盘发增加高度,而且还会因为露出脖子可以使身材显得高些,设计发型时应强调丰满与魅力,从整体比例上,应注意长度印象的建立,而且要在如何使头发秀气、精致上下工夫。选择发型还要注意颈部的特点。颈部长的人适合稍长的、波浪大的发型;颈部短的人要把头发从颈部向后梳,把后面的头发梳得完整一些,让颈部暴露出来,使颈部显得长些。如果你的上身比下身长,或上下身等长,发式可选择长发以遮盖其上身;如肩宽臀窄,就应选择披肩发或下部头发蓬松的发式,以发盖肩,分散肩部宽大的视角。

最后,对头发最重要的就是护理。比如,头发特别软和干燥的尽量去修剪,不要选择烫发,否则会给自己带来脱发的烦恼。千万不要被发型师怂恿,将染发烫发一起进行。真正优秀的发型师绝不会这样建议你。刚烫过头发的人,最好等 1 个月后再进行染发,否则只会增重头发负担,且烫发药水会令染发剂效果减半!要注意,天天洗头非但不能保护头发,还有可能对头发造成伤害。因为洗头过勤会把皮脂腺分泌的油脂彻底洗掉,使头皮和头发失去了天然的保护膜,反而对头发的健康不利。要维护顶上三千青丝的魅力,既要精心呵护,又要从关爱自身健康做起。只有认真正确地做好美发护发的工作,才能真正达到秀发健康魅力两不误的境界。还要注意往头发上喷香水的行为。谁都想拥有一头清香飘逸的秀发,因此把香水往头上喷洒,殊不知,结果会适得其反。香水中含有酒精成分,一旦挥发,就会将头发中的水分一并带走,用头发变干燥作为代价来换取"香喷喷"的秀发,绝对得不偿失!

4

亮化双目，让心灵之窗更加迷人

眼睛是心灵的窗户！爱漂亮的女人，更不可以忽视眼睛的地位！眼部是面部表情最为丰富的地方，通过不同的眼部化妆，可以展现迷人的双眸，散发诱人魅力。比如，范冰冰精致的脸蛋让人为之倾倒，除了气场强大的红唇妆之外，她的电眼妆一直是大家模仿的重点。范冰冰的妆容基本上是走中国风，所以她选的彩片都是棕色或者黑色，由于非常贴近瞳孔的颜色，几乎看不出佩戴了彩片，但是却让瞳孔充满神采。另外上扬的眼线和浓密交叉款的假睫毛，也是她备战红毯最强“武器”。

眼睛形状近似球形 ，位于眼眶之内。眼球包括眼球壁、眼内腔和内容物、神经、血管等组织。正常成年人其前后径平均为 24mm ，垂直径平均 23mm 。眼轴每延长 1mm 约近视－3. 00DS；反之短 1mm 约远视＋3. 00DS。眼最前端突出于眶外 12～14mm，受眼睑保护。眼睛的结构十分精密，人们常喻之为一台全自动照相机。眼部化妆是整个化妆过程的重中之重。它的“装扮”直接可以影响到一个人的精神面貌与气质，如此工程，看来不可小觑。具体来讲，需要以下技巧：

第一，修饰眉形。

用眉毛刷刷眉毛。用弧度的剪刀剪出一样的长短加以修饰。由上往下看两边眉，做适当修饰。夹子是欧美人喜爱的工具，若有充分时间即可一根一根慢慢拔除，但动作要快，否则会很痛。用温水轻敷并按摩，再用镊子一根一根顺生长方向拔。如果需化妆，最好等 10～20 分钟后再上妆比较合适。画眉与修饰眉形之前后，均需目测眉形，即使是专业化妆师，有时也需要以尺、笔等工具辅助测量。以一把尺量眉形前后左右是否有偏差。侧边的角度不要忽略，要看准位置，并重复看左右两边是否均衡。

不同的眉形在每个年代都是最美且最能表现女性眼睛的魅力，不过，也有人相信21世纪会流行无眉的设计，以配合高科技的布料和服饰，就如同社会的变化与女性眉毛的变化也是有关联的。

第二，巧画眼影。

女人眼影的画法是无止境的，有不同色系、同色系、对比色、反比等。结婚化妆、订婚妆、摄影妆的色彩还要配合不同服饰变化。在眼影的变化中必须注意三点：色彩的变化——多了解流行色，任何颜色都别错过，试着多混合色彩来表现。色彩的表达——色彩无限的变化。如春天会有哪些色彩，春夏秋冬、喜怒哀乐都是表达色彩的一种方式。色彩的生命——色彩是有生命的，多接近大自然，了解原始的色彩及生物生长时色彩的转移，都可以启发色彩的灵感。

眼影的形状大致可分为两种形状：放射状和平行状。放射状的眼影易表现层次感，因东方人大多是凸出的眼皮，须做出凹陷的效果。平行状态则可表现眼部曲线，让凹陷处看起来更立体一点。

第三，眼线和睫毛。

除眼影外，眼线、睫毛也有使眼部表情更加丰富的功能。戴假睫毛时，睫毛到眼头的距离留0.2～0.3mm，除使眼睛自然外，也更加舒适。睫毛的表现除了眼影、眼线外，睫毛的功能也可使眼部表情丰富。正确的夹睫毛方式压一次，10～20秒后再压一次，睫毛夹通常是为个人使用所设计，美容师使用时必须注意角度与睫毛生长方向。卸睫毛时不可直接拔下(易使眼皮松弛)，应用棉棒沾眼部专用的卸妆油，边卸边拔，之后再用化妆水擦拭干净。假睫毛不使用时应收藏于专用的盒子内。

眼部化妆是化妆课程中极难掌握的部分。这里以最简单而清楚的方式，告诉你最基础与最简单的方法，只要掌握与运用好，即能呈现多变的眼部表情。此外，这里提供八种眼型眼部化妆技巧，供参考：

(1)小眼睛。

小眼睛变大眼睛，关键在于眼线。在画眼线时，选择黑色眼线笔，可以适当地把上眼线画得粗些。

(2)圆眼睛。

在画眼线时，注重拉长效果，内眼角和外眼角处画长且重一些，在眼睛的中部可以略微带过。值得注意的是，画下眼线时要强调外眼角，即要强调眼尾部分。

(3)细长眼。

细长眼给人的第一感觉就是睁不开，好像永远都睡不醒的样子。所以，在画眼线时，上下眼线要画得圆一点。眼线中部要适当加粗。眼影的位置与眼线位置一样，只是由深至浅晕染开。

(4)单眼皮。

单眼皮的女士们往往希望自己可以画出双眼皮的效果。所以，在离开上眼线 4～5 毫米处，用深色眼影向上扫，也以此线为界，让眼影由深到浅的晕开。在画眼线时，要让眼线上下同粗，且拉伸到眼尾处时不交汇，最后用白色珠光眼影在眉与眼线上 4～5 毫米那条线之内涂匀。

(5)肿眼泡。

眉形以直线形为好，这样可以使浮肿的感觉降低。上下眼线都应从眼角向眼尾画时要逐渐加宽、加深，从而加强眼睛的深邃感。眼影以深棕色为主，由眼皮中间逐渐向上、向下由浓到淡渐渐晕染。

(6)上翘眼睛。

眼尾上翘的眼睛要改变给人泼辣厉害的感觉。上眼线眼尾要细，中央要画粗一些，下眼线眼尾画得下垂些，重一些。

(7)下垂眼睛。

下垂的眼睛要改变给人可怜巴巴的样子，要以把眼尾挑上为主。所以，上眼线的眼尾部要画得上翘些，下眼线的画法是内眼角部分重一些、粗一些，内眼角有了下压的感觉，自然在视觉上外眼角处就挑上去了。

(8)与眉毛距离较近的眼睛。

与眉毛距离较近的眼睛要改变这种感觉其实很简单，上眼线只画内眼角及外眼角部分，中间部分只轻轻一带而过甚至不画。

5

不要忽视内衣的魔力

内衣是以一种朦朦胧胧、时隐时现、含羞内敛来抒发对美、情以及身体表现的企望。现代的女性内衣包括遮蔽及保护乳房的胸罩及保护下体的内裤。内衣要求面料质地柔软、吸湿透气、具有较好的弹性，轻薄面料悬垂性好、飘逸感强、穿着舒适、贴身合体、无拘谨感，并能充分体现人体曲线。现在内衣外穿，时装化、个性化、高档化已成内衣市场的新主题。

内衣最早产生于古罗马时期。在16世纪，还有铁、木头制的紧身胸衣，当时的女子可谓体无完肤。直到十字军东征，随着纺织技术的运用发展，16世纪末期，开始使用鲸髦、钢丝、藤条等来制作紧身衣。在16世纪30年代，当时的时装武器就是吊袜带、紧身衣与裙撑，可见西方人对内衣的重视。对其功能的理解也不仅为遮体保暖，而更多的用意是塑造身体曲线。内衣也设计得非常复杂，穿一件内衣，可能要花上几个小时的时间。到了1910年，内衣的位置以长于臀围线以下10～40厘米为宜。伴随弹性织物在服装中的广泛应用，内衣变得越来越舒适易穿。20世纪80年代，女性追求自我的肯定，自我的价值，社会变得更加个性化。女性美被人们真正接受，引发了内衣消费的大增长，内衣的设计得到了恢复及光大。设计更加大胆、暴露，令女性更加美丽。随着内衣面料的不断更新，人们越来越追求新技术产品，单纯棉制品已不再成为人们的需求。微纤维这一举世公认的被称为“第二皮肤”的面料，在女子内衣的历史上再创辉煌。1997年，杜邦公司推出革命性高品质超弹性纤维 Lycrasoft，使内衣既紧贴体型，又毫无束缚，舒展自如。女性真可以舒舒服服地塑造体型美了。时至今日，现代人不仅重视内衣所带来的诱惑感，更重视其带来的健康呵护，健美造型，这才是流行主调。

对于女性来说，胸罩是女人的亲密伴侣，无论你是娇柔、纯真、简约还是妩媚、奔放、性感，都离不开胸罩贴身的关怀。胸罩对现代女性来讲，不仅仅具有调整胸部这样简单的功能，还是一个人生活品味和情感诉求的象征。穿着大胆前卫的女性毫不掩饰自己玲珑浮凸的曲线美，蕾丝、镂空的胸罩是她们的首选，穿着透视或紧身的低胸装，让胸罩若有若无、隐约可见，曼妙身姿又增添了几分神秘和诱惑；性格保守、温顺、内向的女性则更喜欢棉制素色、款式简洁的胸罩，这样的胸罩生动地展示了东方女性含蓄、传统的道德观念和审美趣味。胸罩展现了女人的风情万种，神奇的胸罩不禁让人感叹："原本空无一物，缱绻柔腻的细丝，盈盈一握。而穿戴在女子身上便陡然饱满，犹如玉液琼浆盛满杯，永无餍足！"所以，如果你想做一个魅力四射的女人，如果你想成为众人注目的焦点，就从适合自己的胸罩开始吧！

胸罩是 19 世纪 20 年代由法国人发明的，它的前名是紧身衣(Corset)，在 18 世纪时就已出现，当时妇女穿它以保持体态。但因紧身衣非常不舒服，逐渐演变成分上下两件(束胸及束腹)，再经过巴黎设计师们的巧艺，式样愈来愈简单，终演变成今日的胸罩和束裤。不过胸罩惊人的款式变化是近一二十年才有的。胸罩的主要作用是保护乳房。合理使用胸罩能缓冲外力的冲击，减少乳房本身振颤；还有明显支托作用，防止松弛下垂。从时间上讲，最好在 17 岁左右开始戴胸罩，因此时女子胸廓基本定型，乳房发育接近成熟。一般认为先测量由乳房隆起的上缘经乳头到胸壁皮肤反折线的下缘，超过 16cm 即可配戴乳罩。如果长期没有正确的穿着习惯的话，身材是很容易变形的，内衣也就起不到修正和保持体形的功效了，因此，女性朋友要学会正确的穿戴内衣的方法和技巧。

胸罩的种类繁多，主要有：

(1)全罩胸罩：可以将全部的乳房包容于罩杯内，具有支撑与提升集中的效果，是最具功能性的罩杯。任何体型皆适合，适合乳房丰满及肉质柔软的人。

(2)3/4 罩杯胸罩:3/4 罩杯是四款胸罩中,集中效果最好的款式,如果你想让乳沟明显地显现出来,那一定要选择 3/4 罩杯来凸显乳房的曲线。任何体形皆适合。

(3)1/2 罩杯胸罩:利于搭配服装,此种胸罩通常可将肩带取下,成为无肩带内衣,适合露肩的衣服。

(4)5/8 罩杯胸罩:与 3/4 罩杯非常相似,适合胸部小巧玲珑的女孩,更显丰满。

罩杯的尺寸则由其深度决定。乳房最高点的乳围(三围之一)减去乳房下围一圈的长度,7.5cm 者为 AA 杯,10cm 者为 A 杯,12.5cm 者为 B 杯,以后每加 2.5cm,就多一种尺寸。两种罩杯间的尺寸则以够长的背扣来解决。穿胸罩的方法是:把手穿进肩带和背带之间的空隙,将上半身倾斜 45 度,让乳房借地球引力尽量容入罩杯中,然后挺直,调整肩带长度,整理所有的带子(不要有翻转的),扣上固扣,再检查一次,把余肉尽量收进罩杯里,最后把手上下晃动,如果胸罩位置固定,就行了。解开的方法则是:把固扣松了,分别将双手从肩带、背带(前扣式则为罩杯)之间的缝隙伸出来,就解决了。正确佩戴胸罩有七个步骤:

步骤一:上身向前 45 度倾斜,让胸部进入罩杯。

步骤二:双手握住胸罩边带滑向身后扣上背扣。

步骤三:调整乳头位置于罩杯尖端。(很重要,还要看内衣是欧式设计还是亚洲设计,尖端位置要找准,长时间不注意这个的话可能会导致乳房变形,甚至乳头凹陷)。

步骤四:站直再调整,将外露的肌肉拨入胸罩内。

步骤五:以双手调整肩带,留出一指宽。

步骤六:将两侧边带拉平无皱。

步骤七:做整体检查,腋下是否有副乳,背后是否往上吊。

6

丝袜是性感与诱惑的结合体

早在16世纪的欧洲，当时上层社会的男性就喜爱穿白色紧身裤袜，这也是丝袜最早的造型。20世纪初，由于成衣的普及，时尚观念被大众广泛接受。时尚已经不再是上流社会的特权，各个阶层的妇女都加入了追逐时髦的行列。女装的造型发生了突破性的变化，充满了时代气息。女性们也一改往日柔软的外表，大大方方露出健美的小腿。因此，丝袜更加成为她们必不可少的配饰。但那时用来生产袜子的纤维都取自天然，如棉、羊毛和真丝。这些材料在应用前必须经过细心的切割和缝纫，而且由于它们缺乏弹性，因此制造的耗用量极大，织出的袜子也很容易松垮。1937年，杜邦公司的一位化学师偶然发现煤焦油、空气与水的混合物在高温融化后能拉出一种坚硬、耐磨、纤细并灵活的细丝。这就是广为人知的尼龙纤维。尼龙丝袜的发展无疑是袜子历史中的一个里程碑。但在享受尼龙带来的丝袜革命的同时，女性们发现尼龙丝袜存在的最大的缺陷就是缺乏弹性。于是纱线生产商们又开始苦思冥想地寻找解决良方。他们用带松紧带的袜子配衬连衣裙，使袜子不再移动，并且绷紧，保持人体的S形曲线。20世纪80年代，女性服装呈现出极度的性感、奢华和妩媚，尤其是女性的晚装，低胸、高开衩的运用极其普遍。于是丝袜也成为了晚装配饰中不可缺少的一部分。

丝袜是女人的第二层皮肤，也是每个女性必备的单品，无论年轻女孩的彩色丝袜，还是成熟女性的性感丝袜，在每个女孩的衣橱里都可以找到它的身影。丝袜的种类繁多，比如有：

连裤袜：又称袜裤、紧身袜、五骨袜或丝袜裤，连短裤和长筒袜于一体，齐腰高。

长筒袜：指大腿长度的经典丝袜，袜口无松紧，需要配合吊袜带使用。

紧口长筒袜：袜口内侧附有防滑乳胶条的长筒袜，无须吊袜带也不会下滑。

厚袜：指 40D 以上不透明的秋冬丝袜。

中筒袜：指长度到膝盖以下的丝袜。

短袜：指长度到脚踝左右的丝袜。

吊带袜：指一种用丝带或松紧带系扎在长筒袜口上，上端系在腰带下摆边缘的丝袜。

连身型丝袜：连身的紧身衣袜，通常用尼龙编织，覆盖身体从肩膀部位到胯下部位。

商务型丝袜：适当的薄度，专门为耐久、耐穿不易损坏而设计的丝袜。

美体型丝袜：此类连裤袜在腰部用尼龙制成以达到美体塑腰的效果。

晚装型丝袜：通常丝袜厚度 10～15D。用于特殊场合穿着，并且通常有像绸缎一样的光泽。

鱼网状丝袜：此种袜子编织成很大的网眼状，能做成各种图案和花纹，非常能定型，非常时尚，但是太多孔使得此类袜子不够暖和，也不够保护。

全时装丝袜：此类袜子是平织的，并且两边后部都有一条线缝。

齐膝袜：短袜只到膝盖部位，通常有弹性的顶端，不用吊袜带。

凉鞋头丝袜：这是一种肉色超薄丝袜，连前端脚趾头部位都是超薄透明的，而不是加固过的脚趾前端，使得穿上像没穿的感觉一样。

通体薄丝袜：此种连裤丝袜没有明显的裤子线条或者明显的加厚成分，从脚到腰一样薄，非常适合酷热天气穿着。

露趾丝袜：此种丝袜的脚趾部分并没有袜子，穿着效果是露出脚趾，适合正式场合穿凉鞋。

九分丝袜：此种丝袜没有脚的部分，长度到脚踝处，适合特殊时装效果搭配。

文身丝袜：这种丝袜最早在日本流行，现在在中国内地已经成为风尚，单色丝袜上面植绒一些动物图案或者印上一些文身图片，可以修饰腿部缺陷，走在街上又能成为一条亮丽的风景线！

丝袜的美丽之处是在于其透明或半透明的若隐若现的感觉，如果穿上一双不透明的厚重的长袜，会使两条腿像两根移动的木棒似的毫无生气，所以丝袜的选择是要以薄、透、柔和为原则的。丝袜的搭配需要同时关注个人的发型、肤色、年龄、衣服的颜色。个子不高不适合穿网眼太大的丝袜。

袜子的色调体现着一个女性的气质。肤色是永恒的色彩，可以和各种时装搭配；灰色自然大方，以配素色服装为佳。体态优美的女性，不妨选高档电子提花袜，既显示时尚气息，又可更好地衬托优美的体态。黑色、深棕色的丝袜只是在搭配衣服的时候才能显出迷人的魅力，一般仍以浅色加肉色、浅灰、浅棕色为恰当的选择；而白色、红色等另类的丝袜色彩，则较适合年轻的女孩。上班族不要穿着彩色丝袜，它会令人感到轻浮，缺乏稳重之感。不妨选一些净色的丝袜，只要记住深色服装配深色丝袜，浅色服装配浅色浅袜这一基本方法就可以了。如果你是位身材高挑的女性，那么色彩鲜艳的丝袜如明黄、天蓝等，最适合你优美腿型。另外，女性在购买丝袜时，还要注意丝袜在包装袋内所呈现的颜色要比穿在腿上时的颜色深。因此，在挑选时女性要选择比自己所喜欢的颜色略深一些的丝袜。需要注意的是，穿着有明显破损或脱丝的丝袜是相当不雅的。丝袜的袜口不应低于裙子的下缘，在穿迷你裙时，最好穿连裤袜，以免袜口外露。丝袜还是一种身份象征，如果你要给人庄重、威严的感觉，一定不要选择黑色网格袜。

7

香水是女人魅力的秘密武器

女人的味道有人称它为“女人香”，当一位衣着得体的白领女性从你身边飘然走过，那一阵淡淡的幽香便扑鼻而来，直沁心脾。倘若一位漂亮的白领，衣着合体，却一身的汗臭会让人作何感想？可见，女人的味道也很重要。大多数东方人不会有太严重的体味问题，西方人用香水却很普遍。传说在很久很久以前，爱神阿佛洛狄忒的手指被玫瑰刺伤，她流出来的鲜血发出芬芳的香味。人们从此发现了香水工业最初的工艺：从玫瑰花瓣提取玫瑰油。这个美丽的传说注定香水从一开始就与女人结下了不解之缘。

小香是某公司的部门经理，有着良好的形象，她非常爱出汗，因而洗澡对她来说几乎像吃饭一样重要。一天，由于前一天晚上加班太晚，结果第二天早上也起晚了，为了避免迟到，她只是换了一套服装便匆匆出门了。到了公司大家依然像往常一样，向她问好，但脸上的表情却显得很不自然，她认真审视了一下自己的服装，发现并未有任何疏漏，最后，还是同事兼好友的小佳告诉她，问题出在了哪里。原来，正是由于自己没有洗澡，而造成了自己身上的汗味太重，又没有使用香水的习惯，影响到了自己的形象。

香水是女人的第一件衣服，代表着主人的气质和品味。正确地使用香水可以增加你的魅力，否则会是一场灾难，会用香水的女人才是优雅女人。香水无需全身喷洒，最适当喷洒位置当属脉搏跳动的地方，这些部位称为“强烈脉搏挥发点”，分别散布于头部两侧太阳穴、双手手拗、双腕脉门、颈部两侧及咽喉、前胸骨、耻骨两旁、双膝背后及双足足踝部分。这些部位涂抹香水后因为脉搏跳动，所以挥发得更好，令香味分子受到震荡，因而变得更活跃，扩散更快，更彻底。夏奈尔曾说过：“不用香水的女人没有未来。”咋一听来感觉有点武断，但细细琢磨却觉得很有道理，深谙时尚之道的夏奈尔自然知道女人骨子里都是感性和爱浪漫的，一款适合她的香水会焕发她内在的魅力和某些感官感受，使之成为一个更迷人的人。香港时尚才女黎坚惠也曾说，对初恋男友送给她的那瓶香水的气味十多年过去了都还记忆犹新，即便已经模糊了他的容颜，可见香水对于女人有着多大的魔力。女人都该有一款专属于自己的香水，在腕间、颈间波动的脉动呈现出不同味道的芳香诱惑，不同个性的人擦出不同风格的香水才能将自己的魅力发挥到极致，做一个让人难以忘记的女人。

挑选香水，当然首先需要懂得的是如何鉴别它的质量，我们可以先看香水的色泽、香味及包装。优质的香水色泽必须是清澈透明、清晰度高的液体，无任何沉淀。一般不含色素，在 30℃温度下，经 24 小时不变色。优质的香水香味纯正，并能保持一段时间。在鉴别香水时，要特别注意香水瓶的密封情况，如有间隙易导致酒精挥发干涸。还应检查喷头是否灵活，或者泄漏。大多数女性朋友喜欢一一去试闻香水的味道，这里提醒你，以后不要这样了。直接根据自己的性格选择一款心仪的试喷在手腕处，然后不管它，去做自己的事情，待上一会儿，如果你很喜欢这个味道，那么她就是属于你的香味啦。此外，香水虽香，但不宜不分时令季节一年到头都用。最适合使用香水的时间是春夏和夏秋交替季节，因为此时空气清爽，人体嗅觉敏感，人也活跃，最能突出个性美。最不宜使用香水的时间是炎热的三伏天，此时人们常常汗流浃背，如果洒用香水，香水与汗水混合，往往会产生出一种难以使人接受的气味。值得注意的是，不要反复摩擦，这样会破坏香水的分子，使香味很难持久。香水要避光，阴暗处保存,置于温度适中的环境中,防止氧化(瓶口不要留下残液,以防下次使用时氧化物进入瓶中)。

香水的作用很多,理所当然也成为女士的必备物品之一。选择香水的时候,要根据自己的气质以及工作生活环境来进行选择。香水不仅使自己自信、愉悦,而且更有助于魅力的发挥。香水选择的错误会使人有一种张冠李戴的错觉。成熟女士使用运动型香水会显得轻浮;青春活泼的少女使用充满魅惑的香水不免使人迷惑。一般情况下,白天使用淡香水,夜晚使用较浓的香水是最简单的原则。香水也要依场合选用,在职场上,不可用味道太浓郁的香水,参加晚宴时则香味可以稍微浓重些。香水最好不要抹在容易出汗的地方(例如发际、腋窝、脊背、膝弯等处),尤其是麝香等动物性的香水。由于香水经紫外线照射会产生斑痕,故不可将香水涂抹在阳光直接照射的地方。香水不要喷到珠宝、金、银制品,香水中的化学成分会损害其品质。如果要穿戴珠宝、金、银饰品时,最好是先喷香水再戴。不要将香水喷在棉质、丝质衣物或白色衣服上,以免留下污渍,也不要喷在皮毛上,损害皮毛及颜色。衣物若不小心被香水玷污,应尽早处理。把干毛巾托在衣服下,用棉花沾少许酒精,轻拍斑点部分。由于香水不是水溶性,清水肥皂无济于事。

第四章

举止得体，文明有礼：礼仪修养体现女性气质的尊贵

优雅的仪态是女性有教养、充满自信的完美表达；美好的仪态，会使女性看起来年轻很多，也会使女性身上的衣服显得更漂亮。气质无时不存在于女性的举手投足之间，因而，优雅的言行举止更能给人留下深刻印象。对于女人来说，姿势美有着说不出来的迷人气质。一个相貌平平的女人，有了美丽的姿势和风度，就可在交际场合发挥无穷的魅力。

1

优雅有礼是女人的气质外衣

礼仪，让女人更成熟，更优雅，更有魅力。女性与礼仪有着千丝万缕的联系。一位气质优雅的女性，是道德风范、知识修养、心理素质、仪表风度等多方面的综合体现。这样的女性，即使外表并不特别美丽，但由于她通晓各种礼仪，就会让她有一种超凡脱俗的优雅气质；这样的女性，无论在什么场合，她都会用她的身材、发型、服饰，还有优雅的步态，迷人的举止，以及她飘然而过时的淡香气味，来显示出她与众不同的风情和惊艳。

有一位先生要雇一名女秘书到他的办公室做事，为此，他在报纸上登了一则广告。广告登出之后，有50多人前来应聘，这位先生最终挑中了一个小姑娘。

这个结果被这位先生的一位朋友知道了，他问这位先生："我想知道，你为何喜欢那个姑娘，她既没带一封介绍信，也没受任何人的推荐。"显然，他觉得结果不可思议。

"你错了，"这位先生说，"她带来许多介绍信。她在门口蹭掉脚下带的土，进门后随手关上了门，说明她做事小心仔细；当看到那位残疾老人时，她立即起身让座，表明心地善良、体贴别人；进了办公室先脱去围巾，回答问题干脆果断，证明既懂礼貌又有教养。”

这位先生接着说：“其他人都从我故意放在地板上的那本书上迈过去，而这个姑娘俯身捡起那本书，并放回桌子上。当我和她交谈时，我发现她衣着整洁，头发梳得整整齐齐，指甲修得干干净净。难道你不认为这些细节是极好的介绍信吗？我认为这比介绍信更为重要。”

知礼守礼的女人是有魅力的女人。礼仪又像风骨，一旦融入到女性血脉中，会让女性在不着痕迹之处展现自己的良好素质，流露出内在的修养，显示出优雅的气质。现代社会，一个女人的魅力，包括了她日常生活的全部，一举手、一投足、一颦一笑都以仪表和仪态的形式表现着。一个行为有度的女人，会让别人觉得舒服；而一个谈吐不俗的女人，更会让他人如沐春风。这些良好的感觉不是建立在一个人的着装如何名贵华丽上，它完全源自于这个人对待他人、他物的态度。如果一个人只能做到金玉其外却胸无点墨又举止粗鲁，那就只是个绣花枕头。这样的人也许可以给人留下一个美好的第一印象，但却无法将这种好印象持续下去，甚至可能在开口的一瞬间就将它破坏殆尽。一个人如果有很好的外在形象，又举止文雅，言行得体，这样才能赢得每个人的赞许。

许多女士都认为，要具备迷人的风姿，精致的面孔和柔美的线条最重要。其实，除了这两点外，更重要的是外表要显得洁净无瑕，穿戴不需要珍贵浮华，却必须勤加整理和洗烫，经常保持纯洁整齐的仪表，即使是粗布麻衣，也会给人以一个自然美观的好印象。和人交谈时要和蔼可亲，谈吐风趣。时刻留心你的语言是否柔和悦耳，注意避免使用那些使人难堪的字眼。态度常保持自然、愉快的姿态，使人感受到你是温婉而易于接近的。尤其是在一个陌生的场合里，落落大方会使你获得更多的朋友。一个女人如果讲究礼貌、仪表整洁、尊老敬贤、助人为乐等，如果她的一言一行与礼仪规范相吻合，人们定会对她的教养与风度所称道。优雅有礼宛若女性身上的一件华服，为女性平添无尽的魅力。得体的礼仪是女人优雅魅力的根基所在。这种魅力就体现在女性彬彬有礼、落落大方的礼仪之间，浸透于日常生活的每个角落，它并不夺人眼目，却有着磁铁般的吸引力，散发出幽远而诱人的气味，从而使一个平凡的女性也能在彬彬有礼的日常生活中展现出持久的魅力。

总之，得体的礼仪是塑造女性魅力不可或缺的因素。美丽女人的举手投足，一颦一笑都楚楚动人，都是风情万种。因此，女人要注重仪表动作。在职场接触各种形形色色的人，也许你不经意间的小动作、小行为就会让别人对你的印象大打折扣，因此要时刻注意自己的举止。首先要举止得体，也就是你的一切举止动作，都要合乎体统，符合身份，适应场合，并且能够恰如其分地借以传达出个人意愿。其次要举止适度，要求你的一切举止动作，都要尽可能地符合礼仪规范标准，使之适时、适事、适人。超过了合“礼”的标准，或是达不到合“礼”的标准，同样都是失礼于人。最后要保持风度，要求你的一切举止动作，应做得优美、潇洒、帅气。对于任何一位有文化、有教养的人来说，潇洒的风度都是梦寐以求的。其实，所谓的风度，就是指在举止动作方面，表现得优美、潇洒和帅气。有许多年轻的女人在脸的化妆上、发型的设计上花了很多心思，对于服装也非常注意讲究。当她们修饰完毕，站在穿衣镜前一照的时候，她们对自己的容貌简直是欣赏极了。真的，许多太太小姐们，长得很美，加上善于打扮，她们的容貌真是非常迷人的。只可惜的是，有许多美丽的小姐却不知道，当她们离开了穿衣镜之后，她们便开始用各种不雅动作来破坏自己的美丽了。比如抖个腿、啃个指甲、说话大声了点儿、拽拽衣裳、理理头发这样看起来再平常不过的事情，出现在社交场合，就会变成不尊重人、不雅观、令对方不快的不文明行为。作为女性，要杜绝自己在公众场合有诸如咳嗽、喷嚏、哈欠、打呃、响腹、放屁等行为或习惯，因为这些响声都会令人觉得你不太舒服或是正在生病，别人会立马感到受威胁或产生联想，继而产生厌恶感。

2

绽放笑容，不做冰美人

无论从事什么行业，都应该学会微笑。女人的微笑可以表现出温馨、亲切的表情，能有效地缩短双方的距离，给对方留下美好的心理感受，从而形成融洽的交往氛围，可以反映本人高超的修养，待人的真诚。微笑有一种魅力，它可以使强硬者变得温柔，使困难变得容易。微笑是人际交往中的润滑剂，是广交朋友、化解矛盾的有效手段。女人的微笑要发自内心，不要假装。女人在交际时要运用好这几种微笑：第一，自信的微笑。这种微笑充满自信和力量，女人在遇到困难或危险时，若能待以微笑，积极乐观，一定能在最短时间内渡过难关。第二，礼貌的微笑。这种微笑如春风化雨，滋润人的心田。一个懂得礼貌的女人，会将微笑当作礼物，慷慨地赠予他人。第三，真诚的微笑。表现对他人的尊重、理解、同情。

一位叫珍妮的小姐去参加联合航空公司的招聘，当然她没有关系，也没有熟人，也没有先去打点，完全是凭着自己的本领去争取。她被聘用了，你知道原因是什么吗？那就是因为她脸上总带着微笑。

令珍妮惊讶的是，面试的时候，主试者在讲话时总是故意把身体转过去背着她。你不要误会这位主试者不懂礼貌，而是他在体会珍妮的微笑，感觉珍妮的微笑，因为珍妮的工作是通过电话工作的，是有关预约、取消、更换或确定飞机班次的事情。

那位主试者微笑着对珍妮说：“小姐，你被录取了，你最大的资本是你脸上的微笑,你要在将来的工作中充分运用它,让每一位顾客都能从电话中体会出你的微笑。”

微笑有如此神通广大的威力,如果你觉得自己天生不善于微笑,那么就要注意在日常生活中加以锻炼了。对于女人来说,微笑则是最美的化妆品。达·芬奇的《蒙娜丽莎》其经久不衰的魅力,就在于画中人那摄人心魄的微笑,那甜美的无声的微笑几百年来打动着每个一睹她芳容的人。微笑不仅能为他人送去温暖、送去关爱,还能让自己心情愉悦,精神放松,让眼睛更加生动明亮,让脸庞更加美丽,更能打动人心。微笑能让普通女人变漂亮,让年长的女人变年轻,让平凡的女人平添无限魅力。微笑如春风,能带给人温暖;微笑如阳光,能给人以光明;微笑如细雨,能浸润人们的心田。微笑是如此迷人,微笑有种神奇的魅力。即使你自己觉得自己的笑容不够好看,也不要害怕别人嫌弃你的微笑。因为这是你美丽的心灵,能够被别人感受得到的,是你的乐观、积极和阳光。微笑的魔力如此之大,我们也应该好好学习。

一个把微笑时刻挂在脸上的女人,即使容貌不美丽,但那淡淡的微笑,会让女人的魅力由内而外地自然绽放。微笑的女人是徐徐的春风,柔柔的,暖暖的,让人有一种刚刚萌芽的让人蠢蠢欲动的感受。她温存的笑,抚平了世间的悲凉;她温暖的笑,像春日的阳光,让人全身暖洋洋的;她甜美的笑,宛若那盛开的花朵,让人耳目一新。喜欢微笑的女人心中始终装满阳光,所以她才愿意用微笑来面对生活,她会在任何挫折面前仍然保持妩媚的笑容,她会在生活的点滴中尽情地释放出自己无限的光彩。

微笑是获取人心最有效的方式,它能消除人与人之间的界限。卡耐基就曾经说过:“只要你时时超越自我情绪的困惑,让面孔涌起微笑,就会感染他人,形成你与他人之间人际关系的良性循环。”纽约一家大百货商店的人事部经理曾经直言不讳地说,他宁愿雇佣一个小学未毕业的女职员——如果她有一个可爱的微笑,而不愿雇佣一位面孔冷冰冰的哲学博士。微笑不但能够保持你自己外在的良好形象,而且也影响着自己和别人的情绪。当你在微笑时，你的精神状态最为轻松。当你那充满笑意的目光与别人的目光相遇时，他会被你的快乐情绪所感染。自然而然地，你们之间的气氛就会变得和谐。反过来，我们也更愿意与微笑的人分享我们的自信、希望与金钱。这里面深奥的原因已经超过了我们的意识所能够认识的。调查研究已经表明，随时能够笑的人在个人生活和事业上都更成功。

微笑能让你的整体印象加分，充满亲切感。笑容是世界上最美的语言，微笑地面对他人，自己的心里也会充满阳光。一位哲人曾说过："当生活像一首歌那样轻快、流畅时，笑颜常开乃是易事；然而当一切事情都非常糟糕的时候仍能保持微笑的人，才是活得最优雅、最有价值的人。"作为一个女人，应该培养笑对人生。

蒂娜和温迪是两个好友，这一天她们同时被邀请去参加一场派对。在与女主人寒暄之后，她们环视四周，发现没有自己熟悉的人。蒂娜迅速调整了她的战略，她走到一群人旁边，微笑着聆听他们的高谈阔论，在"主要发言人"停顿时乘机加了几句赞同的话。而温迪选择走向房间角落的沙发，坐在那里，无聊地喝着一杯鸡尾酒，等着人上前跟自己搭讪，可是没有人；于是她觉得派对一点意思也没有，中途便向女主人推说头痛，怏怏地走了。她走出门的时候，蒂娜正被一群人围着，如同女王一样谈笑风生，而且还不时地有人在圈子外围交头接耳地品评，给她几句赞美。

微笑是一种扣人心弦的最美好的语言，有了微笑的面孔，就会有希望，就会走向快乐，蒂娜和温迪的不同遭遇就是鲜明的例子。一个善于通过笑容表达的人，别人也会用微笑来回报。在生活中，我们会经历生活的种种酸甜苦辣，总会有各种各样的事情发生，没有人可以预料明天会发生什么，但女人可以用微笑换来良好的心态，相信自己才是自己命运的主宰。当女人的微笑发自内心时，无法伪装。保持"微笑"的心态，人生会更加美好。当然，微笑看似简单，但也需要讲究一定的技巧，比如在人际交往与沟通中，要笑得自然。微笑是美好心灵的外观，发自内心的微笑才是自然的。要笑得亲切、得体。切记不能为笑而笑，没笑装笑。与人交往沟通时要笑得真诚。人对笑容的辨别力非常强，一个笑容代表什么意思，是否真诚，人的直觉都能敏锐判断出来。所以，当你微笑时，一定要真诚。真诚的微笑让对方内心产生温暖，加深双方的友情。

一个成功的女人，要学会笑。你的笑，可以温暖朋友，让亲友爱你的亲柔。你的笑，可以气死对手，让敌人恨你的淡定。实在找不出，人有不笑的理由。如果还有一小时，你要去见这一生中最重要的人，那么静下心，找一面镜子。然后，对着它，练习微笑。美学家认为在大千世界万事万物中人是最美的，在人的千姿百态的言行举止中微笑则是最美的。人们把微笑称作"迷人的微笑""会心的微笑""真诚的微笑"。容易使人接近的人毫无例外都是经常面带微笑的人。一个会运用微笑的女人，在各种场合都会让人感觉到她无限的柔情和女人的魅力。演员与空姐通过微笑练习，能练出迷人的微笑。那么，聪明的你该怎么去做呢？通过下面六步可以帮你打造迷人微笑：

第一，放松嘴唇肌肉。

练习放松嘴唇周围肌肉。又名"哆来咪练习"。嘴唇肌肉放松，从低音到高音，大声地清楚地说三次每个音。不是连着练，而是一个音节一个音节地发音。你可以将音节稍稍拖长。

第二，锻炼嘴唇肌肉弹性。

微笑形成于嘴角部位，锻炼嘴唇周围的肌肉，能使嘴角的移动变得更干练好看，也可以有效地预防皱纹。一举几用，不得不试。伸直背部，坐在镜子前面，反复练习最大地收缩或伸张。保持微笑 30 秒，反复进行这一动作 3 次左右。用门牙轻轻地咬住木筷子。把嘴角对准木筷子，两边都要翘起，并观察连接嘴唇两端的线是否与木筷子在同一水平线上。保持这个状态 10 秒。在第一状态下，轻轻地拔出木筷子之后，练习维持那状态。

第三，形成微笑。

保持在放松状态下，这一步的关键在于使嘴角上升的程度一致。如果嘴角歪斜，表情就不会太好看。练习各种笑容的过程中，就会发现最适合自己的微笑。好好捕捉，一定可以发现你满意的微笑。

第四，保持微笑。

一旦寻找到满意的微笑，就要进行至少维持那个表情30秒的训练。尤其是照相时不能敞开笑，而伤心的人，如果重点进行这一阶段的练习，就可以取得很大的效果。

第五，修正微笑。

如果你确实认真地进行了训练，笑容还是不那么完美，那就要寻找是哪里出现了问题。女性朋友们，请放心，你能自信地敞开微笑，就可以把缺点转化为优点，不会成为大问题。

第六，打造魅力微笑。

通过练习都能拥有魅力的微笑，并能展现那微笑。微笑练到"高级"，就应该是发自内心的。而不只是嘴咧开，而是用纸挡住鼻子以下的面部时，还可以看到眼睛中含着笑。最真诚的微笑也是最容易打动人的。

3

握手，让修养从掌心流出

在日常人际交往中，互相致意是首先必须做的，由于文化、习惯的不同，互相致意的礼节也因此而不同。这些不同，使互相致意的礼节丰富多彩，诸如点头、鞠躬、拱手、拥抱、握手等，其中握手是互相致意的"世界语”。美国女作家海伦·凯勒曾经写道:“我接触过的手虽然无言,却极有表现力。有的人握手能拒人千里……我握着他们冷冰冰的指尖,就像和凛冽的北方握手一样。也有些人的手充满阳光,他们握住你的手,使你感到温暖。”可见握手的力量、姿势和时间的长短能表达出握手人的不同态度。女士与对方行握手礼之前,应大略判断一下对方的态度,对于傲慢无礼者,可以不与他握手,但这时要特别注意场合,如果是与两三个男士见面,女士不想与其中的一位握手,那么以与对方几位皆不握手为宜;如果与数位男士见面,女士只不愿意与其中的一位男士握手,而对其他的人皆应表示礼貌地欢迎,那么女士应该不显露出自己的情绪,而自然地一一握手,以免使对方难堪。

握手的方式也是一种身体语言。握手方式在某种情况下会让人感受到真诚、信任和表达关切的含义。一个有风度的女性,应该注意将手伸出去的姿势。因为它很有可能决定别人对你的第一印象。握手时,应先由女方把手伸出来,然后男方才可以伸手相握。但是,很多人其实并没有真正掌握握手的真正要领。由于错误的握手方式,给他人造成不良的第一印象的例子比比皆是。因此,握手时应注意以下几点:

第一,握手必须用右手。如果你的右手正在做某项工作抽不出来时,要向对方特别说明,或者一面点头致意,一面摊开双手,表示歉意,取得对方的谅解。并立刻洗好手,热情招待对方。如果你戴着手套的话,应该把手套脱下来,放好或拿在手里,再和对方握手;千万不可戴着手套与对方握手,也不应该把脱下的手套随便一摔,那样会使对方误解的。对女性的要求可以适当放宽一些,如果女性摘下手套,则表示她对你特别敬重,但是女性对老年人就不能不摘下手套了。

第二,握手要讲究次序。握手时,谁应当先伸手呢?年长的先向年轻的伸手,女性先向男性伸手,老师先向学生伸手。如果两对夫妇见面,先是女性互相致意,然后男性分别向对方妻子致意,最后才是男性相互致意。拜访时,一般是主人先伸手,告别时,客人先伸手,表示并示意对方留步。

第三，伸给对方的手应该是清洁的。要是你伸出一只脏手给对方，对方一定会在握还是不握之间徘徊，对方一定会在这难堪之中，留下一个不好的印象。如果你的手正在干着脏活，应当立即洗干净再握手。如果对方的手正在干着脏活，你应当谅解地改一个方式向对方致意。

第四，握手要热情。握手时要热情，面露笑容。注视着对方的眼睛，并根据不同场合，边握手边打招呼。如果你漫不经心地伸出毫不热情的手给人家，并且在握手时东张西望，那给对方的印象是不言而喻的。如果你伸出的是一只热情的手，会将一股暖流传给对方，那么，一种友谊就在握手这一瞬间产生了。如对方早已伸出手，而你却迟迟不伸手相握，那不仅仅是一种失礼，而且会使你的社交目的很难达成。

第五，握手时要尊重对方。握手是你向对方表示尊重的最好契机，你要充分利用它。这样，握手时，身体可微微向前倾，以示尊重；用力要适当，要稍持续一段时间，最短也应当以摄影机能拍下这一镜头为限。切不可有气无力，蜻蜓点水；也不可握得太紧，尤其是与女性握手更要把握好这个度。握手要握得全面，不要只抓一下手尖就溜之乎也。

凯特是一位热情而敏感的英国女士，几年前她受英国总公司的委派，到中国上海的一家分公司担任总经理。一天，她接待了来访的李经理。李经理是上海一家公司的销售部主管，他此次来的目的主要是为了说服凯特购买他们公司的产品。

李经理被秘书领进了凯特的办公室，秘书对凯特说："总经理，这是××公司的李经理。"凯特离开办公桌，面带笑容，走向李经理。李经理先伸出手来，让凯特握了握。凯特客气地对他说："李经理，很感谢你在百忙之中抽出时间来为我们公司介绍这些产品。这样吧，让我看一看这些材料，我再和你联系。"李经理还没反应过来到底是怎么回事，就已经被凯特送出了办公室。

以后的几天，李经理多次打电话给凯特，但得到的是秘书始终如一的回答："总经理不在。"到底是什么原因让凯特这么反感一个说话不超过两句的人呢？秘书好奇地询问凯特。听到秘书提起李经理，凯特余气未消："这个人根本不懂基本的商业礼仪，而且一点绅士风度都没有。他是一个男人，位置又低于我，怎么能像个王子一样伸出高贵的手让我来握呢？他伸给我的手让我感到像是抓着了一条死鱼，冰冷、松软、毫无热情。当我握他的手时，他的手掌也没有任何反应。握手的这几秒钟，他就留给我一个极坏的印象。这种握手让我感到他不但内心冷漠，而且还愚蠢到不知道如何假装礼貌。作为一个公司的销售经理，居然不懂得基本的握手方式，这让我很失望。他们公司雇佣这样的人做销售经理，可见公司管理人员的眼光和素质也不高。这样一个由低层次的人组成的公司又怎么值得我去信任呢？我又怎么会让公司冒险去购买他们公司的产品呢？我相信他们公司的产品会和员工的素质一样糟糕。"

握手，是人们在社交场合司空见惯的礼仪。它看似平常，但却是沟通思想、交流感情、增进友谊的重要方式。一般情况下，与人初次见面，熟人久别重逢，告辞或者送行都可以握手表示自己的善意，这也是最常见的。在握手的时候，距离要离对方约一步之远，上身稍向前倾，两足立正，伸出右手，四指并拢，虎口相交，拇指张开下滑，向受礼者握手。如果你有抽烟的习惯，当你要与人家握手的时候，而你正在抽烟，千万不要换手持烟而握手，像一个老练的风尘女子一般。如果是一位端庄的女孩，那么就应该把烟放下，再伸手相握。握手的正确方式需要根据当时的环境来判断。如果我们希望握手之后的气氛能够融洽和谐，在握手的时候，就应该尽量保证双方的手掌处于同一个平面，力量保证与对方的施加的力量保持一致，然后轻缓地摇动 4 至 6 次。

4

优美步态，走出女人的气质

无论是在日常生活中，还是在公共场合中，走路都是“有目共睹”的肢体语言，往往最能表现女孩子的风度、风采和韵味。女性走路，使人感到她们是缕轻柔的春风，妙不可言。每一个女人都想拥有流云般优雅的步姿，款款轻盈的步态是女性气质高雅、温柔端庄的一种风韵，而优美的步态，则更添女性贤淑、温柔之魅力，展现自身的风采。

走路，人人都会，但是要走出风度，走出优雅，走出美来，则要靠平时的练习与注意！做一个优雅的气质女人，最直接的表现形式之一，就是步态美。女孩子走路的基本要点是从容、平稳、直线。正确的走姿不但可以让你平添万种风情，还可以让身材更加性感美丽。而不正确的走姿除了让人讨厌之外，还会让美丽的身材变形。优美走姿的要领是以腰为动力轴，带动脚来前行，移动时重心放在腰部。颈要直，双目平视，下颌向内缩，带上微笑，肩膀放松，手指并拢，走出节奏。

有良好走姿的女孩子，会更显青春活力。女人先天身体就较为柔软，上下臂关节比男人更具有大的反面弯折角度，这也可以使她们走路时摆得更加向外而不至于碰到较宽的骨盆，当站着或走路的时候，女人通常会稍微弯曲她们的双臂而使前臂抬高约在腰部的位置，但是手腕却尽量放松，这就是男人和女人走路时处理他们手臂的不同之处。男人的肩膀本来就比女人更宽更强壮，但是还是有一些方法来缩小它，通常男人会将双肩往前倾显得有点驼背，可能是因为想表达出强壮及攻击性。女人呢？她们通常会将双肩往后扳，可能想要强调她们的胸部。你可以站在镜子前看看当你将双肩往后扳时会显得肩膀较为狭窄，而这样也会使你的双臂摆动时更显得女人样。女人走路时下腭会轻轻点动，而男人却挺直头部，还会有些后倾，军人正是要求此种姿势。在社会的教条下男人被要求具有攻击性，这也表现在他们的走路姿态上，他们行进间上身会向前，可能是想要行进更快而出人头地之故。女人则恰恰相反，传统上要求女人不能有攻击性，因此女人在走路上就比较礼让，不要大步威武地走路，所以迎面而来的人礼让一些，但不是畏缩不前，只是显得较为礼貌，不抢先就可以。这一切使女性的走路特征明显起来，连走路的步子也变小了，臀部扭动得厉害，一副楚楚动人的样子。科学证明，保持抬头挺胸、肘稍屈的走路姿态，不仅姿势美观，而且充满了女性的魅力。

优美的走姿会使身体各部分都散发出迷人的魅力。走路时的步态美与不美，是由步度和步位决定的。如果步位和步度不合标准，那么全身摆动的姿态就失去了协调的节奏，也就失去了自身的步韵。步度，是指行走时两脚之间的距离。步度的一般标准是一脚踢出落地后，脚跟离另一只脚脚尖的距离恰好等于自己的脚长。步位，是脚落地时应放置的位置。步韵也很重要，女人走路时，膝盖和脚腕都要富于弹性，肩膀应自然、轻松地摆动，使自己走在一定的韵律中，才会显得自然优美。优美步姿重心始终放于两腿之间，脚跟先着地，保持两腿直立，并且要把体重有意识地放在大腿上。走路时，还要保持上身挺直，重心随脚尖逐渐向前移动。长期坚持下去，可使双腿变得更苗条。单腿迈出着地，后脚足跟提起，让膝盖带动大腿，保持紧迫感，身体重心前移，以腰为轴心，后腰向前迈出，使足跟先着地。稍微夹紧臀部，膝盖轻松保持弹性。脚尖稍稍朝外直线向前走，双腿夹紧，双脚尽量走在一条直线上；两手自然下垂，手指自然弯曲朝向身体，两手随步伐轻轻摆动，眼睛注视前方；胯部随之产生一种韵律般的轻微扭动。一摇一曳，总是那般万种风情，充满着人性的媚惑。女性的步姿因衣着和场合的不同，而有不同的方式。比如，走进会场、走向话筒、迎向宾客，步伐要稳健、大方；进入办公机关、拜访别人，在室内脚步应轻而稳；办事联络，步伐要快捷、稳重，以体现效率、干练；参观展览、探望病人，脚步应轻而柔，不要出声响；参加喜庆活动，步态应轻盈、欢快、有跳跃感；参加吊丧活动，步态要缓慢、沉重，以反映悲哀的情绪。需要指出的是：女人走路不要低着眼睛看地上，也不要故意躲避不去看其他人，因为这样会使别人觉得你好像有什么不自在的地方。在日常生活中应当避免走路时身体前俯、后仰，或两个脚尖同时向里侧或外侧呈八字形走步，步子太大或太小，这都给人一种不雅观的感觉；双手反背于背后，这会给人以傲慢、呆板之感；身体乱晃乱摆，也会让人觉得轻佻，缺少教养。这些禁忌动作既有失大雅，又不礼貌。如果想做一个有魅力的气质女性，就要留意自己的步态。一个步姿洒脱、意气风发、充满自信的女性，最能吸引别人。而内八字和外八字步都是优雅女人的大忌，外出时要采用自我暗示法，不断地提醒自己对步形进行矫正。此外，呼吸要与步伐做好配合，这样才会使天然的气质自然流露。当女人着裙装的时候，要保持步伐轻盈优美，不可跨大步。当女人着裤装时，不妨适当放宽步伐，这样不仅不会破坏形象，反而更显动感、自信。

5

亭亭玉立，站出女人的仪态

一位在公关场合中受欢迎的女孩子，最重要的是要具备正确的站立姿态。因为站姿是我们日常生活中正式或非正式场合中第一个引人注视的姿势。优美、典雅的站姿是气质美的起点和基础。现代女性尤其应该注意自己的站姿，自然挺拔的站姿能给人一种可靠而干练的形象。而错误的站姿则会丑化自己的形象。因此，女性要注意下面的站姿：

第一，斜肩站姿。

这个姿势多数女生会十分熟悉，因为市面上包包的设计，我们已习惯单肩挎包时顺便斜肩。女生习惯将包包固定挎在肩膀某一侧，长期下来错误姿势就养成了，这就是为什么我们该有意识地经常换另一边肩膀来挎包，否则就得接受一边肩膀比另一边高的难看景象。穿着正式服装的时候，这个姿势就更让人不敢恭维了。

第二，驼背站姿。

看到T台上的模特时你的第一印象是什么？漂亮、魅力十足。其实最重要的是她在不经意间流露出的自信。要拥有自信的外表，最简单的方法就是抬头挺胸收腹。问题是一般人不习惯费劲吃力地整天保持这样的姿势。我们习惯驼背站立，因为这样比较舒服，另外多半也是因为缺乏自信心，不想引人注目。双肩向后靠，抬头挺胸收腹的动作可以马上显露出你的自信与优雅，尤其在派对上。首先，此举让你看起来身材更高挑，人也更有气质；其次，它能让你整体造型更显魅力——当你驼背时，人们的关注焦点会是你的不自在与害羞，而忽略了你的美丽；最后，抬头挺胸收腹能帮助你从内到外展现信心与风采，这样的你大家都会想认识的。

第三，大腹站姿。

你会发现，当提醒他人不要驼背时，被提醒的人经常会不由自主地把胸部与腹部凸出来，人们误以为这样就是抬头挺胸。正确的姿势是在双肩向后靠的同时也把腹部收起来。开始练习时会有点不习惯，不过你会慢慢适应的，同时这也是打造腹肌的好方法。假如你工作太忙没时间做运动，可以尝试反复收腹的动作，在帮助你塑造平坦小腹的同时，也培养了正确的站姿。

除此之外，站姿切莫过于随便，以免让人误解你是个随便之人。比如说，懒懒地倚门(或其他可靠物)、塌腰、伸脖、两腿叉开距离过大，双臂交叉或双手叉腰等，都是破坏女人形象的“杀手”。

站姿是衡量一个人外表乃至精神的重要标准。优美的站姿是保持良好体型的秘诀，是女性魅力的经典姿态。良好的站姿能衬托出女孩子美好的气质和风度。很多时候你做出什么样的站姿就会带给你什么样的精神状态，注意自己的站姿会令自己变得神采奕奕，也给别人留下一种优雅的印象。女人良好的站姿应当是以下各方面体姿的综合表现：

(1)平肩，直颈，下颌微向后收；两眼平视，面带微笑。

(2)直立，挺胸，收腹，略为收臀。

(3)两臂自然下垂，手指自然弯曲；两手亦可在体前交叉，一般是右手放在左手上。肘部应略向外张。

(4)两腿要直，膝盖放松，大腿稍收紧上提；身体重心落于前脚掌。

(5)上体保持标准站姿。

(6)双脚分开，与肩同宽。脚应成“V”型，膝和脚后跟应靠紧，身体重心应尽量提高。

(7)站累时，脚可向后撤半步，但上体仍须保持正直。

(8)将左脚收回，与右脚成垂直，左脚跟在右脚跟前面，两脚间有少许空间。

(9)右脚向后撤半步。

(10)身体重心交给右脚。

常言道：“站如松，坐如钟。”这是中国传统的有关形象的标准。人们在描述一个人生机勃勃充满活力的时候，经常使用“身姿挺拔”这类词语。女性优美而典雅的站姿能给他人留下深刻美好的第一印象。女性正确的站立姿势应该是表情自然，闭嘴，颈部挺直，收下颏，挺胸，还要注意收腹提臀、提气拎腰，让肢体各部位自然舒展，这时女性特有的曲线美才会显露无遗，同时，显得精神饱满，风姿绰约。

6

含蓄坐姿，显露迷人韵味

女性坐姿，是影响女性形体美的一大要素。女性优雅的坐姿不仅能展现女性形体美，更能展现女性的优雅气质。坐姿是一种可以维持较长时间的工作劳动姿势，也是一种主要的休息姿势，更是人们在社交、娱乐中的主要身体姿势。良好的坐姿不仅有利于健康，而且能塑造沉着、稳重、文雅、端庄的个人形象。相对男士而言，女士的正确坐姿显得更为重要。无论多么美丽的女士，身着多么体面的衣装，如果坐姿不雅，马上就会让人议论纷纷。

一般来说，女士入座应尽量向前，背部一般不要靠在椅背上，可以将随身携带的物品如手提袋或衣物等东西，放在身体和椅背之间。女士坐下时膝盖不应分开，小腿也要合拢，小腿可以放置在椅子正中间，也可以并拢平行斜放一侧，但是上半身一定要面对正前方，两手可交叉轻握放在腿上。如果双腿斜放左侧，手就放在右侧，相反的，如果双腿斜放在右侧，那手就放在左侧。

标准姿势坐久了，可能会感到疲劳，这时可以换成二郎腿的姿势，如果有重要贵宾在场，则应该避免。在一般场合或在场的客人为比较熟悉或比较亲近之人，也可以偶尔为之。方法是先将左脚向左踏出约 45°，然后将左腿放在右腿上；反之亦然，即先将右脚向右踏出 45°，然后将右腿放在左腿上。女士坐在矮沙发上时，双腿除要合拢外，膝盖要尽可能高过腰部，因此所采用的坐姿应该是双腿斜放式，也就是双脚同时向左侧或向右侧斜放，与地面成 45°左右的夹角。女士的身体如果能形成 S 形，则是最优美的姿态。

主持会议的女性坐姿应该是双腿并拢，双脚的脚踝部位先行交叉，然后略向左或右斜放，给人的感觉是大方自然。

不同场合的女性可能要换用不同的坐姿，但是基本原则是背部挺直，膝盖并拢，双手成为交叉的八字形，放在身体的侧面或中间都行，上身必须正对前方，目光凝视客人，保持优雅的微笑，这就是高雅的形象了。如果女性坐姿不端，在别人的心目中会留下一个寒碜的印象。比如，很多人坐下来的时候喜欢将脚架起来。在社交场合，这一般被认为是很不礼貌的坐法。如果是积习难改，那一定要注意架腿方式：收拢裙口，遮掩到直至膝盖以下部分；支撑的脚不要倾斜，双腿内侧靠近，大腿外侧收紧；双手自然搭在腿上。总之，“站有站像，坐有坐像”。坐姿也是优雅女人的必修课。坐姿不仅能展现出女人的形体美，更能展现出女人特有的气质。如果坐姿不端，即使其他方面再优秀，也难免会给别人留下不太好的印象。

坐姿文雅，坐得端庄，不仅给人以沉着、稳重、冷静的感觉，而且也是展现自己气质与风范的重要形式。女人良好的坐姿应当是：人体重心垂直向下，腰部挺直，上身正直。双膝应并拢或微微分开，并视情况腿向一侧倾斜；入座后，双脚必须靠拢，脚跟也靠紧。双脚并齐，手自然放在双膝上或椅子扶手上。款款走到座位前。如果是从椅子后面靠近椅子，应从椅子左边走到座位前。背向椅子，右脚稍向后撤，使腿肚贴到椅子边；上体正直，轻稳坐下。入座时，应清理一下裙边，将裙子后片向前拢一下，坐稳后身子一般只占座位的 2/3，两膝两脚都要并拢，以显得端庄娴雅。入座后，女人一般不要架腿。

在公关社交场合，女人入座时的基本要求为：客人在先入座后，主人再入座；在特定的情况下要求与客人同时入座时，也要本着长幼有序的原则，请对方先坐，而后自己再坐。从座位左侧入座。这样不仅可以适用于人们平时的方向习惯，也是一种必要的礼貌。入座时，不要只注意自己坐的一亩三分地，也要观察四周是否有熟人，如果要是有的话，则应主动打招呼或点头致意。如果不认识，当与在座宾客目光交汇时点头示意。特别在公共场合，如果想要在别人身边就座，最好先进行询问，确定是否有人，再行入座。特别注意的是，动作要放轻，不要把椅子弄得吱吱作响，惹人反感。如果座椅的摆放为背靠背式，那么入座时就应侧身走近座椅，背对着站立，右腿后退一点，以小腿确认座椅的位置，然后顺势坐下。必要时，也可用一只手扶着座椅的把手，以保椅子平稳，也可以达到不影响别人的目的。

离座的要求为：有事情需要离开座椅时，可以用语言或动作向身边的人示意，随后再站起身来。和别人同时离座，如果自己的地位高于对方，示意一下方可先行离座；如果自己的地位低于对方的，则应该稍后离座；如果对方与你的地位不分上下，则可以同时离座。离座时，不要用猛劲儿，使旁边的人吓一跳，弄响座椅，或将椅垫等带掉在地上，最好的方法是轻缓起身，给人留下有修养的印象。起身后应该从左侧离座。

7

餐桌礼仪展现女人的优雅

要成为一个气质高雅的女性，除了合宜的穿着打扮之外，得体的举止也是必备条件之一，如果你希望在用餐时也能展现淑女风范，有一些餐桌礼仪一定要注意。

第一，入座礼仪。

如果是以主人的身份举办宴会，则男女主人应该分别坐在长餐桌的中间，面对面而坐。身为女主人的你要逐一邀请所有宾客入座，而关于邀请入座的顺序方面，第一位安排入座的应该是贵宾的女伴，位置在男主人的右手边，贵宾则坐在女主人的右手边。如果没有特别的主客之分，除非有长辈在场，必须礼让他们，否则女士们可以大方地先行入座，一个有礼貌的绅士也应该等女士坐定之后，再行入座。有服务生或男伴代为拉开座椅那当然是最方便的，但如果遇到需要自己动手的情况，就要注意避免发出刮地板的声音。

外出用餐时，女孩子免不了会随身携带包包，这时候应该将包包放在背部与椅背间，而不是随便放在餐桌上或地上。坐定之后要维持端正坐姿，但也不必僵硬到像个木头人，并且注意与餐桌保持适当的距离。遇到需要中途离席时，跟同桌的人招呼一声是绝对必要的，而男士也应该起身表示礼貌，甚至如离开的是隔座的长辈或女士，还必须帮忙拖拉座椅。用餐完毕之后，必须等男女主人离席后，其他的人才能开始离座。

第二，餐巾礼仪。

有关餐巾的使用问题，必须等大家都坐定之后，才可开始使用。餐巾摊开后，应该摊平放在大腿上，千万不要放进领口，因为三岁小女孩这样做或许很可爱，但十八岁以后的成熟女士这样做就有点不太好了。另外，餐巾的主要功能是防止食物弄脏衣服，以及擦掉嘴唇与手的油渍，请不要在忘记带面纸的情况下，拿来擦鼻子，因为这样既不典雅也不卫生。有些人或许会担心餐具的卫生问题，因而用餐巾来擦拭餐具，其实这是很不礼貌的举动，会造成餐厅或主人的难堪。用餐完毕之后，应该将餐巾折好，置放在餐桌上再离开。

第三，刀叉礼仪。

在西餐的刀叉使用顺序方面，原则是由外而内。要先使用摆在餐盘最外侧的餐具，每吃一道，就用一副刀叉；食用完毕之后，刀叉并排在盘子中央，服务生会主动来将盘子收走。餐具除了用来切割食物之外，也被用来移动食物，因为在正式场合下转动盘子是很不礼貌的行为。

第四，吃肉类礼仪。

西方人吃肉（指的是羊排、牛排、猪排等）一般都是大块的。吃的时候，用刀、叉把肉切成一小块，大小刚好是一口。吃一块，切一块，不要一下子全切了，也千万不要用叉子把整块肉夹到嘴边，边咬、边咀嚼、边吞咽。吃牛肉(牛排)的场合,由于可以按自己爱好决定生熟的程度,预定时,服务员或主人会问你生熟的程度。吃有骨头的肉,比如吃鸡的时候,不要直接“动手”,要用叉子把整片肉固定(可以把叉子朝上,用叉子背部压住肉),再用刀沿骨头插入,把肉切开,边切边吃。如果是骨头很小时,可以用叉子把它放进嘴里,在嘴里把肉和骨头分开后,再用餐巾盖住嘴,把它吐到叉子上,然后放到碟子里。不过需要直接“动手”的肉,洗手水往往会和肉同时端上来。一定要时常用餐巾擦手和嘴。吃鱼时不要把鱼翻身,吃完上层后用刀叉剔掉鱼骨后再吃下层。

第五,吃沙拉礼仪。

西餐中,沙拉往往出现在这样的场合里:作为主菜的配菜,比如说蔬菜沙拉,这是常见的;作为间隔菜,比如在主菜和甜点之间;作为第一道菜,比如说鸡肉沙拉。如果沙拉是一大盘端上来就使用沙拉叉。如果和主菜放在一起则要使用主菜叉来吃。如果沙拉是间隔菜,通常要和奶酪、炸玉米片等一起食用。先取一两片面包放在你的沙拉盘上,再取两三片玉米片。奶酪和沙拉要用叉子吃,而玉米片可以用手拿着吃。如果主菜沙拉配有沙拉酱,可以先把沙拉酱浇在一部分沙拉上,吃完这部分后再加酱。直到加到碗底的生菜叶部分,这样浇汁就容易了。沙拉习惯的吃法应该是:将大片的生菜叶用叉子切成小块,如果不好切可以刀叉并用。一次只切一块,吃完再切。

第六,吃海鲜礼仪。

贝类海鲜应该以左手持壳,右手持叉,将其肉挑出来吃。吃鱼片时,可用右手持叉进食,避免使用刀具,因为细嫩的鱼肉很容易就会被切碎而变得难以收拾;遇到一整条鱼的时候,先吃鱼的上层,再用刀叉剔除鱼骨,切忌翻身;吃龙虾时,可用手指去掉虾壳后食用。

第七,喝汤礼仪。

喝汤时要用汤匙,而不是将整个碗端起来喝,用汤匙喝汤时,汤匙应该由自己这边向外舀,切忌任意搅和热汤或用嘴吹凉。喝汤时避免出声是最起码的礼貌,当汤快喝完时,可将汤盘用左手拇指和食指托起,向外倾斜以便取汤。喝完汤之后，汤匙应该放在汤盘或汤杯的碟子上。

第八，咖啡和茶的礼仪。

喝咖啡或茶时，餐厅一定会附上一支小汤匙，它的用途在于搅散糖和奶精，所以尽量不要拿糖罐及奶精罐中的汤匙来搅拌自己的饮料，也不要用匙舀起咖啡来尝甜度，不然保证你一定会得到全桌的注目礼。喝咖啡或茶时，应该用食指和拇指拈住杯把端起来喝，至于碟子就不必端起来了。喝完之后，小汤匙要放在碟子上，请不要偷放进自己的包包中。

第九，鸡尾酒会礼仪。

鸡尾酒会的形式活泼、简便，便于人们交谈。招待品以酒水为重，略备一些小食品，如点心、面包、香肠等，放在桌子、茶几上或者由服务生拿着托盘，把饮料和点心端给客人，客人可以随意走动。举办的时间一般是下午 5 点至晚上 7 点。近年来，国际上各种大型活动前后往往都要举办鸡尾酒会。这种场合下，最好手里拿一张餐巾，以便随时擦手。用左手拿着杯子，好随时准备伸出右手和别人握手。吃完后不要忘了用纸巾擦嘴、擦手。用完了的纸巾丢到指定位置。

总之，不少人在餐桌上时，都会担心“失礼”。其实，所谓餐桌礼仪是为了让餐膳可以不受阻碍和破坏，而得以顺利流畅地进行的实用守则。谨记“整齐、清洁和保持安静”三项原则便可无往而不利。

第五章

谈吐优雅,人情练达:口吐莲花的女性优雅迷人

女人的形象固然重要,但同样不可忽视的是女人的口才。会说话的女人才是最出色的!不管在什么场合,只要优雅的女人开口说话,总是让人感到舒坦。这样的女人能适时送出赞美,让人听了如沐春风,能让批评也变得悦耳。在处理人际关系上,女人只要把自己的语言包装成功,就会在交际中游刃有余,不但可以赢得良好的人缘,还可以给自己将来的事业奠定坚实的基础。

1

让自己成为一个“语言贵族”

要想成为一个充满魅力的女性，就要有良好的说话风度。良好的说话风度，是一个女人的内在气质在言语上的表现，是一个人的涵养的外在表现。一个女人说话是否有魅力，直接影响到她是否对对方具有吸引力，也关系到她是否具有良好的人缘，同时还影响到她能否自如地与别人说话，并表现出足够的自信。一个说话有魅力的女性与人谈话时，对方能够感受到她内在的涵养、气质，而乐于与她交谈。良好的说话风度和魅力让她成为一个“语言贵族”。

经济危机中，曼莎小姐好不容易找到一份在一家高级珠宝店当售货员的工作。圣诞节的前一天，店里来了一位30岁左右的男顾客，他虽然穿着整齐干净，看上去很有修养，但很明显，这也是一个遭受失业打击的不幸的人。此时，店里只有曼莎一个人，其他几名售货员刚刚出去。

曼莎和男子打招呼时，男子不自然地笑了一下，目光从曼莎的脸上慌忙躲闪开，仿佛在说：“你不用理我，我只是来看看。”

这时电话铃响了，曼莎忙去接电话，但不小心将摆在柜台上的盘子碰翻了，盘中6枚精美绝伦的金戒指掉在了地上。曼莎慌忙弯腰去捡，捡回了5枚以后，她却怎么也找不到第6枚了。当她抬起头时，看到那位男子正向门口走去，顿时，她明白了那第6枚戒指在哪里。

当男子即将推门离开时，曼莎礼貌地说："请等一下，先生。"男子转过身来，两个人相视无言，足足有一分钟。曼莎的心在狂跳不止，她想："他身上会不会有枪或是匕首呢？我该怎么办？"

"什么事？"男子终于开口了。

曼莎鼓足勇气说："先生，今天是我第一次上班，你知道，现在找份工作多么不容易，您能不能……"男子用极不自然的眼光注视着她，过了好一阵子，一丝微笑在他脸上浮现出来。

"是的，的确如此。"男子回答，"我敢肯定，你在这里会干得很出色。"

男子向她走去，并把手伸给她，说："我可以为你祝福吗？"

曼莎忙不迭地点头。两人紧紧地握了握手，然后男子就转身走出了店门。这时，曼莎转身走回柜台，把手中的第6枚戒指放回原处。

通常而言，在遇到窃贼时，大多数人都会选择报警或大声喊人抓贼，但曼莎并没有这么做。聪明善良的曼莎用礼貌的言语找到了解决问题的最好方法。很多时候，能不能把话说好就预示着能不能把事情办好。说话是一门艺术，是一门值得推敲的艺术，尤其是在人际交往的过程中，说话的好与坏关系到交往的功效。因而，女人在谈话过程中优雅的谈吐是很重要的，优雅的谈吐就像整洁的仪表，会使人觉得十分愉快。如果你能习惯运用文雅的辞令，即使偶尔开个玩笑，说些俏皮话，对方仍旧能够感受到你内在的涵养、气质，而乐于与你交谈。在社交场合谈话应选择大家共同感兴趣、都可介入方便发表意见的话题。如天气、当天新闻、家常琐事、现场气氛、环境布置等；不要只谈个别人才了解的话题，以免冷落他人。要想成为一个愉快、倍受欢迎的谈话对象，你要力求言谈准确、清晰、有礼貌、风趣。

在人际交往中，要学会与人相处的艺术，首先就要懂得礼貌用语。把礼貌用语作为你应该做的一项日常规范，那样就会有利于你不断进取。如果不懂得与人相处的礼貌用语，想赢得别人的信任恐怕就不是很容易的事了。一般而言，现代女性使用的基本礼貌用语主要有如下五种：

问候语。它的代表性用语是“你好”。无论是接待来宾、路遇他人，还是接听电话，均应主动问候他人，否则便会显得傲慢无礼，目中无人。

请托语。它的代表性用语是“请”。要求他人帮助、托付他人代劳，或者恳求他人协助时，照例应当使用这一专用语。缺少了它，便会给人以命令之感，使人难以接受。

道歉语。它的代表性用语是“抱歉”或“对不起”。在工作中，由于某种原因而带给他人不便，或妨碍、打扰对方，以及未能充分满足对方的需求时，一般均应及时运用此语向交往对象表示自己由衷的歉意，以求得到对方的谅解。

感谢语。它的代表性用语是“谢谢”。使用感谢语，意在向交往对象表达本人的感激之意。获得帮助、得到支持、赢得理解、感到善意，或者婉拒他人时，均应使用此语向交往对象主动致谢。

道别语。它的代表性用语是“再见”。与他人告别时，主动运用此语，既是一种交际惯例，同时也是对交往对象尊重与惜别之意的一种常规性表示。

对于气质女性来说，礼貌用语体现着一个人的教养和品格。在交往和沟通中最基本的就是要尊重对方，无论在家庭、职场、公众场合等都需如此。人们自尊、自爱、自重的心态是正常的。当你想得到他人的尊重时必然要先尊重他人，只有这样自己才能受到尊重。这样的事例在生活中比比皆是。因此，使用礼貌用语并把其作为自己生活中讲话习惯的一部分，是社会的需要，是生活的需要，也是生存的需要。

在人际交往中，语言是十分关键的沟通技巧。假如你言语得体，你会获得他人的好感，赢得大多数人对你的喜爱。那么，怎么才能让自己的说话保持言之有礼，谈吐文雅呢？

第一，态度诚恳、亲切。人们通过说话来传递思想感情，神态、表情显得尤为重要。当你向别人表示祝贺时，嘴上说得十分动听，而面部却丝毫无任何表情，其实明眼人一眼就能知道你只是在敷衍而已。言为心生，说话必须做到态度诚恳和亲切，才能使对方对你的说话产生表里一致的印象。

第二，注意说话的语言，用语要保持谦逊、文雅。根据年龄、辈分、地位的不同选择不同的称呼，例如，"您""先生""太太"等；另外，对于用语也要注意三分，如用"贵姓"代替"你姓什么"，用"不新鲜""有异味"代替"发霉""发臭"等。生活中，多用敬语、谦语和雅语，才能从细微之处真正体现出一个人乃至一个团体的修养和品德。

第三，控制好声音的大小，说话最忌讳口里像含有糖，含糊不清。与人交谈时，语速不要太快，咬字一定要清晰，音量要适度，只要能达到让对方听清、听准就好，不用以"吵架"的音调来谈话，否则会让听者觉得不自在，缺少亲切自然之感。

总之，语言是连接人与人之间的纽带，语言质量的好坏，直接决定了人际关系的和谐与否，进而会影响到事业的发展以及人生的幸福。一个人的沟通能力往往决定着这个人的办事能力！也许一件很普通的小事，由于说话的水平不同，所获得的效果和回报也大不相同。有时候一句话可以化干戈为玉帛，一句话也可以让朋友变成仇人；一句话可以功败垂成，一句话更可以改变人生。因此，怎样把话说到位，选择什么样的时机说话等，都要讲究说话的技巧。懂得说话技巧的人，到处都会受人欢迎。

2

声调动听，提高声音的魅力

声音是由音色、音调、响度构成，有魅力的声音将显示出你独特的个性，抑扬顿挫、轻重缓急恰到好处听起来如珠落玉盘，并带有感情色彩及冷暖温度，让人听后余音绕梁。因此，女人柔美的声音往往能够征服和麻醉男人。再有阳刚之气的男人，也会被柔美的女人声音驯服。女人声音既可以表露人的形象，也可以塑造希望获得的形象。我们通过声音可以判断对方的年龄、性别、职业、相貌，往往还能推断对方的性格、思想、情感和态度。声音也是一个自我介绍的项目。声音还为人们预留了无尽的想象空间。当打电话时，电话里传来的声音温文尔雅，婉转动听，你对说话者的印象必然有了一个质的飞跃；相反，如果你听到的声音粗暴且含糊不清，你对说话者的印象自然会一落千丈。看来，声音所创造的魅力是绝对不可小觑的。

声音是人的"第二外貌"。在没有视频传播之前，人们往往都是"未见其人，先闻其声"的，即使是现在，从某种程度上说，小沈阳、刀郎、阿宝等都是靠他们独特声音赢得众多"粉丝"的。美国前总统里根是演员出身，他有一副得天独厚的、磁性的、音域宽广的好嗓音，加上富有感召力的演讲技能，挫败了在音质和形象上都不如自己的对手。美国前总统克林顿的声音沙哑、浑厚，他知道如何运用这种略带浑厚的声音去赢取民心。大选前，他铿锵有力，朝气蓬勃，听起来就是一个强有力的、可靠的、能带来朝气的、能够实现人民愿望的总统。但在性丑闻中，他强化了沙哑的声音，用疲惫的语调恳求民众："请让你们的总统工作。"听来让人们不得不原谅和同情他。声音是一种能量，能影响和作用他人。温婉的声音，让人产生信任感；甜美的声音，让人乐于倾听；有些女性的声音可以获得性感。声音能够表现个性，传递性情，有很强的语言魅力和信赖度。声音既可以表露女人的形象，也可以塑造希望获得的形象。日常生活中，我们应该充分地运用“声音形象”。运用得好，可以改变你的生活和事业。在运用声音塑造形象时，需要注意表达，语言要带有真实的情感，要把生活和感悟融入声音中，把真切感受传递给你的谈话对象。

香玲天生一副好嗓子，声音柔媚轻柔，可因为她经常在家发脾气，养成了一生气就大呼大叫的毛病。有一次，她参加朋友的宴会，看到一个冰清玉洁的女孩，那精致的五官，真算得上是绝色美女了。使得身为同性的她，也不由得睁大眼睛迟钝了片刻，木呆地盯着她看。就在香玲感叹世间竟有如此美丽少女时，她听到美丽的女孩和一旁的女伴打招呼，就在美女脱口出声的瞬间，香玲惊呆了，她怎么也没有想到，美女的语态粗俗、音质沙哑，随着美女的说话声音，那国色天香的美开始失色。事后，香玲真为她惋惜，同时也深深地感到，女人语言的魅力。

从那以后，香玲开始有意地训练自己的声音，在生活中，尽量使用优美的声音和人交流。几年后，她的好声音就为她带来了好运气。大学毕业后，她在创业之初，开了一个服装小店。由于她的声音属于低音量，音质偏柔偏软。于是，当她用略带轻柔、娇媚十足的普通话和客人沟通时，真是大大地帮了她，不少顾客因为她动听的普通话而喜欢、信任她。为此，在女性魅力修炼的课程中，她一直特别强调声音对于女人的重要性。

女性的声音美至关重要。一个具有魔鬼身材的女性，倘若一开口，其粗鲁的音调便吓倒了大家，你还认为她很美吗？答案一定是否定的。人与人之间更多更深的交往总是依赖语言，我们只有懂得声音的重要性并努力地调整和改变，才能让声音为自己带来好运。气质女人一定要注意自己说话的声调。想做一个会说话的女人，一定要把握好声音的魅力。声音在语言中的地位相当重要。语言情感的表现主要集中在有声语言上，以声传意，以声传情。谈吐礼仪要求人们在讲话时用有魅力的声音，给人以美的享受。

女人柔美的声音，仿佛有一种魔力，能征服和迷醉男人；女人柔美的声音，是人类中最美妙、最动听的声音，是一种特有的魅力；女人柔美的声音似酒，芳香四溢、沁人心脾。可以说，柔美的声音，让女人拥有升华过后的极致美。台湾人气女星林志玲就是靠声音晋升台湾第一美女的。在出色的外表下，更加令人着迷的是她软糯清甜的声音，以娇柔姿态赢得男人们的喜爱。魅力时尚的女性说话首先要做到和气、文雅、谦逊、和颜悦色，这是交谈礼仪的基本要求。此外，最重要的一点就是时刻要让自己的声音保持圆润，不疾不徐，给人一种发自内心的感觉。这看起来是一件小事，但实际上它却是叩开人际交往之门的“敲门砖”。

3 不要吝啬你的赞美

人都是喜欢赞美的，无论是 6 岁的儿童还是 60 岁的老人都是一样，人性的根源，有种被人肯定、赞美的强烈愿望。赞美能给生活带来温暖和愉快。为此，马克·吐温说：“我能为一句赞美之辞而不吃东西。”可见赞美有多大威力。赞美之于人心，如阳光之于万物。在我们的生活中，人人喜欢赞美，这绝不是虚荣的表现，而是渴求上进，寻求理解、支持与鼓励的表现。爱听赞美，出于人的自尊需要，是一种正常的心理需要。经常听到真诚的赞美，明白自身的价值获得了社会的肯定，有助于增强自尊心、自信心。特别是交际双方在认识和立场上存在分歧时，适当的赞美会产生神奇的力量，化解矛盾，克服差异，促进理解，加速沟通。

赞美是一种品德，是人际关系的润滑剂。它可以使人际关系和谐，缩短人们之间的心理距离，增强彼此的亲近感，可以启发人们去寻找心中尚未开垦出的美，激起人们保持乐观向上、积极进取的人生态度；赞美是一种慰藉，它像一股清爽甘洌的泉水，使人们干涸的心灵得到润泽；赞美是一缕阳光，它将拨开生活的阴霾，给人们心灵以光明；赞美是一种能源，它将给人生旅途的跋涉者以取之不尽、用之不竭的力量。我们应该适时地给别人奉上真诚的赞美，也应该学会理智地对待赞美。让赞美这朵美丽的鲜花时刻温暖人们的心房，也希望人们不要在赞美这朵鲜花的芬芳中使自己迷醉。多赞美别人，不用花钱，就能使人快乐，何乐而不为呢？

有一个富翁特别喜欢吃烤鸭，于是用重金聘请了一位烤鸭大厨师，每天专门为他烤一只鸭子。大厨师名副其实，每天烤出的鸭子皮脆肉松，香喷可口。但富翁为人刻薄，即使天天吃到美味的烤鸭，也从不肯说一句赞美的话。终于有一段时间，厨师烤出来的鸭子都只有一条腿，富翁觉得奇怪，但碍于身份不好过问。一星期后情况还是这样，富翁实在忍不下去，他问厨师烤的鸭子为什么只有一条腿？另外一条腿哪儿去啦？厨师回答道：“哎呀！您不知道？这些鸭子都只有一条腿，不信我带您去看看！”富翁当然不相信，便和厨师到后院去看。这时，因天气太炎热，鸭子们都缩着一条腿站在树下休息。厨师说：“您看，鸭子都只有一条腿呀！”富翁当然不信，当即拍了几下手掌，掌声惊动了鸭群，它们伸出另一条腿纷纷逃离了。富翁说：“你看，鸭子不是都有两条腿吗？”厨师回答说：“是的！如果您提前鼓掌的话，那鸭子老早就是两条腿了。”

爱听赞美，出于人的自尊需要，是一种正常的心理需要。经常听到真诚的赞美，明白自身的价值获得了社会的肯定，有助于增强自尊心、自信心。特别是交际双方在认识和立场上存在分歧时，适当的赞美会产生神奇的力量，化解矛盾，克服差异，促进理解，加速沟通。善用赞美的魔力可以提高和润滑人际关系，让你大受欢迎。当然，赞美是一件好事，但绝不是一件易事。赞美别人如不审时度势，不掌握一定的技巧，即使你是真诚的，也会好事变坏事。那么，怎么赞美他人呢？

首先，赞美要自然真诚。当你见到一位其貌不扬的小姐，却偏要对她说："你真是美极了。"对方立刻就会认定你所说的是虚伪的违心之言。但如果你着眼于她的服饰、谈吐和举止，发现她在这些方面的出众之处并真诚地赞美，她一定会高兴地接受。虽然人人都喜欢听赞美的话，但并非所有赞美都能取悦对方。能引起对方好感的只能是那些基于事实、发自内心的赞美。相反，若无根无据、虚情假意地赞美别人，不仅会令人感到莫名其妙，更会觉得你油嘴滑舌、诡诈虚伪。真诚的赞美是发自内心的，由衷地表露出来的，赞美的内容确实存在，不是虚假的。赞美的言辞通常亲切自然，表情和悦真挚。如果赞美他人时，面孔冰冷，或满脸讪笑，或阴阳怪气，对方八成会认为你在嘲弄他，是虚情假意，别有用心。这样的赞美就变味了。

其次，赞美要因人而异。在爱漂亮的女孩面前，赞美她的打扮；在有小孩的母亲面前，赞美她的孩子；在上班族面前，赞美对方的工作绩效；至于男人，最好从工作下手，称赞他的能力。

每个人都有希望，年轻人寄希望于自身，老年人寄希望于子孙。年轻人自以为前途无量，如果举出几点证明他的前途不可限量，他一定十分高兴，将你视为知己。如果称赞他的父母如何了不起，他未必高兴，至少你要说他是将门之后，同时，称赞他及其背景，才合他的胃口。

对于商人，你如果说他学问好，道德好，清廉自守，安贫乐道，他绝对无动于衷。你应该说他才能出众，手腕灵活，现在红光满面，发财的机会马上就要来临，他才听得高兴。对于当官者，你如果说，生财有道，定发大财，他一定不高兴。你应该说他为国为民，一身正气，廉洁自律，劳苦功高，他才会笑逐颜开。对于文人，你如果说他学有根底，笔下生花，思想深邃，宁静淡泊，他一定喜不自胜。对方从事什么职业，就说哪一方面的恭维话。了解对方的职业，这是其中的一大要诀。

最后，多赞美小人物。最需要赞美的不是那些早已功成名就的人，而是那些因怀才不遇而自卑的或身处逆境的人。他们平时很难听到一句赞美的话，一旦有人当众真诚地赞美，就会自尊心和自信心倍增，因此精神大振，大展宏图。所以，最有实效的赞美不是"锦上添花"，而是"雪中送炭"。

赞美别人，不单单只是花言巧语、甜言蜜语，更重要的是根据对方的文化修养、个性性格、心理需求、所处背景、角色关系、语言习惯乃至职业特点、性别年龄、个人经历等不同因素，恰如其分地表扬或称赞对方。好听的话、赞美的话当着别人的面说，自然能够既及时又生动地表达自己对对方的欣赏，不失为获得好人缘的有效且常用的一种方法，但是，背后赞美的方式也能收到意想不到的效果。

一位妻子就非常懂得使用这种赞美手段，她的丈夫对她可以说言听计从。在刚结婚的时候，以前的闺中密友经常打电话和她聊天，每当别人问道："你现在还好吧？"她总是一脸幸福，欢快地笑着说："我很幸福！他对我很好，只要我哪儿不舒服，他就叮嘱我吃药、喝水，还有他做的饭菜好香好香，我工作忙的时候他就收拾家务，比我打理得还好。"而在她这样说的时候，她的丈夫一定就在她不远的地方，看上去似乎在忙碌自己的事情，其实正竖着耳朵听，心里高兴得不得了。其实，一开始他只会炒鸡蛋，收拾屋子也是偶尔为之。只是到了最后，听了妻子在别人面前这样夸他就有了劲头去做，后来成了一个"模范丈夫"。

一般人都有这样的心理，如果别人对他的印象和评价与他自己期望的不一样,他就会自觉地调整和修饰自己的言行,以期符合别人对自己的看法。这位妻子深深懂得背后赞美的奥妙,自然就轻易地征服了一个原本不出色的男人。当面赞美别人,虽然也能拉近彼此的距离,但是难免带上一点恭维的成分,沾上奉承的色彩。但是,背后赞美就没有这些弊端,受表扬的人不在场,因此这个背后赞美肯定会被认为是发自内心的,是诚恳的,因此更容易让人相信和接受。

不过,赞美虽然有积极作用,但绝不是越多越好。因为对人施以赞美毕竟不是交际活动的最终目的,它不过是交际进程中的一种手段。因此,赞美之言不能滥用,应点到为止,而后要在和谐友好的气氛中迅速转入交际的正题,追求交际的成功。善用赞美的魔力可以提高和润滑人际关系,让你大受欢迎。赞美别人,仿佛用一支火把照亮别人的生活,也照亮自己的心田,这样有助于发扬被赞美者的美德和推动彼此友谊健康地发展,还可以消除人际间的龃龉和怨恨。

4

谈吐有禁忌,不该说的话千万别说

气质女人在谈话中,就要懂得说话的忌讳。我们要注意管好自己的嘴,用好自己的嘴,要知道什么话应该说,什么话不应该讲。不知道所忌,就会造成尴尬,甚至失败。因此,说话要多加考虑,该说则说,不该说的千万别说。

有这样一个小笑话。有一个人请了四位同事到他家里吃饭，他倒是非常真诚，摆了一大桌酒菜。三个同事如约而至，只有一位仍不见踪影，主人在门口急得东张西望，搓手跺脚。

一个同事从里头跑出来安慰他不要着急。谁知这位老兄随口甩出一句话："该来的不来。"旁边劝他的这位同事一听，心里想："这样说，我岂不是不该来的。"咣当一声摔门而去。

里头另一位同事见状，急忙出来好言相劝。哪知这位老兄又从嘴里蹦出一句："唉！不该走的又走了。"本来相劝的同事一听，立刻怒从心起，"不该走的走了，那意思不就是该走的不走。得，甭解释了，我走了。"

最后在屋里等的那位同事急忙出来帮着主人挽留客人。可惜这位老兄口才实在不佳，竟然又冒出一句："我根本不是冲他们说的。"最后那位客人一听，"噢，你不是冲他们说的，那不就是冲我说的吗？算了，我也不留了，一起走吧！"

这虽是一则笑话，却深刻地反映了说话技巧的重要性。语言最能表现一个人。你一张口，别人就能了解你！一个人的言谈永远是他的家庭背景和社会地位的告示牌。身在职场中的你，每天和同事、领导之间难免有话要说。然而说什么，怎么说，什么话能说，什么话不能说，都是有讲究的。在与人交谈时，若想谈得顺畅，就应该小心对方的禁忌。若不避忌讳，信口开河，不知深浅，没有轻重，就有可能增添周折。因此，有些话是一定要忌讳的。

在一个航班上曾经发生了客人打架的事件，而该事件的起因却是空中乘务员的一句不得体的称呼所致。那是某航空公司从北京飞香港的航班，在正常的空中服务快接近尾声的时候，一位老人家向空中乘务员提出了需要一杯热开水的请求。这位空姐随即向该乘务组的乘务长说明此事，在说的过程中，她错误地使用了“老头”这一称谓，在边上坐着的一位客人听了非常不舒服，于是向乘务员提出抗议，乘务员和乘务长都同时向该客人表示了歉意，客人也没有表示异议，事情本该到此结束。可那位不会得体地称呼客人的乘务员却自作聪明地解释：“老头，在北京话中也不是不尊重，我没有其他意思。我也不容易，现在还在发烧……”乘务员的话还没有说完，就被机上一批刚经历了“非典”的香港客人的愤怒和惊恐打断了。他们一听到发烧就本能地联系到“非典”，他们觉得航空公司让发烧的人员为他们服务，是对他们生命的藐视，他们要航空公司给说法。一时间，飞机上一片混乱，任凭乘务人员怎么解释都无济于事。这时，飞机上另外的乘客看不下去了，在劝说他们无效的情况下，与他们争执起来，继而发展到双方动手的地步，飞机上的乘务员也无法控制这一混乱不堪的局面。

一句简单的称呼，却引发如此大的骚乱，这是在场的每一个人都没有想到的。所以，一定要注意避开语言中的忌讳。语言是我们生活中不可缺少的一部分，但是日常生活中并不是所有的话都能说。这些在某种特定条件下不能说的话就是我们生活中的禁忌语言。我们要谨慎地注意谈话的禁忌，力避误闯雷区。以下几点也是谈话中的禁忌问题，希望气质女人也能多关注。

(1)忌喋喋不休。

爱喋喋不休地抱怨的人给人的第一印象是：像沿街乞讨的乞丐。他们与人见面，张口就说“我的命运太差”，闭口就说“我的工作让我很烦”，将他们日常生活中的无数小事与无尽烦恼向别人倾诉、哀叹不已。其实每个人的生活都有烦恼，而别人有什么义务浪费时间听你那容易破坏心情的过分唠叨与抱怨呢？所以喋喋不休地抱怨只能引起别人的厌烦，而不是同情。

(2)忌枯燥无味。

有一类人说话别人不爱听，并不是因为说话太多、喋喋不休，而是因为说的话太枯燥乏味，没有一点儿波澜和惊奇。他们常常是夫子自道、观念单调、言语乏味，这类人不开口则已，一开口便使人感到厌倦了。这些没有重点、没有观点、平淡无奇、像白开水似的话，很快就会让聆听者失去耐心。

(3)忌插嘴插舌。

插嘴插舌者总是在你说到高兴处，冷不防半腰杀进来，让你猝不及防，不得不中途偃旗息鼓而退。他不会预先告诉你他要插话了。插嘴插舌者有时会插到别的话题上，有时是把你的结论代为说出，以此得意洋洋地炫耀自己的能耐。无论是哪种情况，都会让原来说话的人顿生厌恶之感，因为插嘴插舌者不懂得尊重别人。也许，对付插嘴插舌者最好的办法，就是让他与喋喋不休的抱怨者同处一室，那样场面一定精彩，他们双方也会得到最大的满足，只是他们会更无聊。

(4)忌心不在焉。

心不在焉的人平时似乎特别容易开小差，心神经常浮游不定。如果你告诉他一件很重要或很有趣的事情，他却把注意力分散到别的地方，像灵魂飞到别处去了一样，眼睛看着前方，或若有所思，或突然问，“噢，你说到哪儿啦?”“你刚才说什么来着?”这时你一定觉得说话的兴致全无。当然，也许有人说是你本人的过错，也许你讲的事情使他很难感兴趣。可是，即使如此，他也不可原谅，因为他的心不在焉是一种很没礼貌、很伤人感情的行为。

(5)忌武断暴躁。

武断暴躁的人是一种特别没耐心且相当自负的人。他总觉得自己是对的，问题出在别人身上。如果你要追问为什么或找个解释，他会很暴躁地用最短的一句话让你血脉鼓胀而闭嘴。他们常说的话是，“不要烦我”，“事情本来就是这样的，没什么好说的”。

总之，在人际交往中，哪些话该说，哪些话不该说，哪些话应怎样去说才更符合人际交往的目的，这是交谈礼仪应注意的问题。一般说，善意的、诚恳的、赞许的、礼貌的、谦让的话应该说，且应该多说。恶意的、虚伪的、贬斥的、无礼的、强迫的话语不应该说，因为这样的话语只会造成冲突，破坏关系，伤及感情。有些话虽然出自好意，但措辞用语不当，方式方法不妥，好话也可能引出坏的效果。所以语言交际必须对说的话进行有效的控制，掌握说话的分寸，才能获得好的效果。

5

委婉含蓄，批评讲艺术

说话不一定要直来直去，委婉含蓄地表达，不仅能让人接受，还可深得人心。毕竟春风袭人的语言，人人都爱听。在现实生活中，许多人常常会标榜自己是个“直肠子”，凡事有话直说，以至于得罪了很多人，给他们的社交和生活带来很多不便。其实人与人之间言语的交流，有时候不妨用上点小技巧，直话不妨曲说。

美国第三十位总统约翰·卡尔文·柯立芝，是一位十分不太喜欢说话的人，但他却是一个深谙说话之道的人。据说，他曾有过一位粗心的秘书，这位秘书经常在工作中出错。柯立芝注意到这些以后，并没有马上生气地批评女秘书，而是采用了幽默的行为来达到自己的目的。一天，这位女秘书穿了一件很漂亮的衣服，柯立芝见到后就非常幽默地说："今天你穿的衣服真漂亮，很适合像你这么年轻的小姐。"女秘书听了以后，非常吃惊。正当她飘飘然的时候，柯立芝接着又说："但，不要骄傲，我相信，你的公文也可以像你一样漂亮。"事后，这位女秘书的工作很少再出错了。

在这个故事中，柯立芝没有直接批评女秘书工作不认真，而是委婉地对症下药，轻松地从根本上解决了问题。女秘书在以后的工作中很少出现错误的情况，就是柯立芝委婉批评的最好回应。试想，如果柯立芝严厉地将女秘书批评一顿，那么女秘书很可能也会注意自己的问题，但肯定不会对柯立芝心服口服，而且柯立芝很可能就再也看不到女秘书靓丽的倩影和美丽的笑脸了，这样的批评将是伤人的批评。在批评别人的时候要讲求一定的技巧，因为每个人都喜欢听好听的话。这是人性的一个特点。特别是中国人极爱面子，很少有人能在恭维话、好听的话面前不为之所动。有的人表面对恭维嗤之以鼻，自诩能虚心接受批评，实则如果你把批评的矛头对准他，他心中定会对你恼怒不已，往日亲近的感情也会随之降低三分。

1952 年，正在苏联访问的美国总统尼克松将去苏联其他城市访问。苏共总书记勃列日涅夫到莫斯科机场送行。正在这时，飞机出现故障，一个引擎怎么也发动不起来。机场地勤人员马上进行紧急检修。尼克松一行只得推迟登机。

勃列日涅夫远远看着，感到非常不好意思，眉头越皱越紧。为了掩饰自己的窘境和不安，他故作轻松地说："总统先生，真对不起，耽误了你的时间！"一面说着，一面指着飞机场上忙碌的人群问："你看，我应该怎样处分他们？"

"不，"尼克松说，"应该提升！要不是他们在起飞前发现故障，飞机一旦升空，那该多么可怕啊！"

机场地勤人员只好苦笑作罢。这样的批评，实在是高明，表面上什么都没有，这话听起来也让人不疼不痒，但是它里面却藏着“玄机”。人际关系中，我们应该根据不同人的特点，采取不同的批评技巧。但这些技巧有一个核心，那就是不损对方的面子，不伤对方的自尊心。所以，面对问题，有经验的气质女人，首先要分清性质、程度及危害，不失时机地予以教育处理；另一方面，给犯错的人留点面子，不伤其人格，避免因方法不当激化矛盾，产生对立的局面。这就是批评的艺术。

几年前，史密斯先生的侄女约瑟芬离开她在美国加州的家，到纽约去做史密斯先生的秘书，那时她才19岁，刚高中毕业，对于商业常识和生意上的事一点儿也不了解。然而，她待人做事却颇为老练。有一段时间，她经常犯一些错误。有一次，史密斯先生真想批评她几句，但再一想，她年纪轻，阅历浅，不可太苛求，于是改用和颜悦色的方法对她说：“现在你做错了事，自然是难免的，我在你这个年纪的时候，做的错事比你多得多，所以我相信将来随着年龄的增长你一定会增长才干的，现在你照着这样做不是好多了吗？”

先承认自己有错，然后再指出别人的错误，令人易接受。人们做错了事，或做了件吃亏的事，除非他自己主动告诉你时，才会坦白地承认错误，但如果是你主动指出他的错误，那么他一定找出种种理由加以辩解。你可以在周围的朋友或家人中试试看，无论是小疏忽或大错误，没有几个人能在别人指出后立即坦率地、不为自己解释地承认错误。所以，批评他人时，一定要讲究方法，态度要诚恳。

6

适当幽默，俏皮又可爱

什么是幽默？幽默是一种风度，一种优雅，一种灵魂修养，一种高层次的人生品位。在繁忙的工作中增点幽默就会减少点摩擦，能更好地调节人际关系，于人于己都是有益无害的。一个女人，她可以温柔，可以妩媚，可以有智慧，可以善交际，如果还很幽默，令与她相处的人总感到愉快的话，这样的女人无疑更加具有吸引力。一个温柔、妩媚的女人，会令爱她的人心醉；一个美丽、有智慧的女人，会令她周围的异性为她倾倒；而一个具有睿智谈吐、懂得幽默的女人，却会令所有与她相处的人感到愉快，这样的女人无疑是非常有吸引力的，也是处处受欢迎的。可以说，幽默为女人的魅力起到了锦上添花的作用。

幽默是一种宽容精神的体现。要使自己学会幽默，就要学会雍容大度，善于体谅他人。乐观与幽默是亲密的朋友，在交际中如果多一点趣味和轻松，多一点笑容和游戏，多一份乐观与幽默，那么，就没有克服不了的困难，也不会出现整天愁眉苦脸，忧心忡忡的痛苦者。因此，美国的一位心理学教授认为，幽默是与人友善相处的一种科学方法。在人际关系紧张而复杂化的情况下，幽默说话能缓和冲突，化解矛盾，使困难的工作得以顺利进行。

小王和小李都是刚进某公司上班的小青年，小王血气方刚，容易冲动，而小李则比较沉稳，具有幽默感。有一次，两人因工作中发生了冲突，小王就怒气冲冲地把小李拉到外面的走廊里，要找个时间选个地方跟小李决斗。

小李说："单挑我可不怕你。不过，由我决定时间、地点及武器。"

小王同意了。

小李说："时间就是现在，地点就在走廊里，武器就是空气。"

小王一愣，然后两人哈哈大笑起来，他要做的只有挠小李的胳肢窝了。从此，两个人就成为了好朋友，再也没有发生过冲突。

幽默是社交中不可缺少的润滑剂。幽默感在人的社交能力发展过程中起着举足轻重的作用。擅长幽默的人在人际交往方面比较成功，因为人们"很难讨厌能让他笑起来的人"。幽默风趣的人往往更受人们的欢迎。与别人初次见面，幽默的谈话会赢得对方的好感。当双方发生矛盾冲突时，幽默的谈话会冰释前嫌。具有幽默感的批评性谈话，使人乐意接受。在工作劳累的时候，来点幽默的笑话，使人得到积极的休息。幽默是一种睿智的表现，具有幽默感的女人到处都受欢迎，他们可以化解许多人际间的冲突或尴尬的情境，往往能使人怒气难生，亦可带给别人快乐。幽默可以使女人在交际场上压倒别人，同时也能感染他人，激起高昂情趣，还可以缓解沉闷紧张的气氛，使大家在快乐、融洽、亲切、祥和的氛围中相处。幽默也是摆脱窘境的良方。幽默是上天赐予女人的美丽法宝，因为女人的幽默不仅能传递出她们心理的欢愉，也是她们赠送给世界的美好礼物，可以"传染"给她们身边所有的人，让人们保持愉快心境的同时，也深深折服于女人的美丽智慧。

方芳在公司从事策划工作，有一次为了营销企划和男同事发生争执，在一旁的别的同事，都很认可方芳的方案，可因为男同事非常固执己见，一点都不肯退让，他们僵持了好几个小时，眼看再僵下去会影响到工作的进度。最后，方芳无计可施，用了颇有挑逗性的幽默，笑着对男同事说："呵呵，我知道你是大男人，胸怀也大，就让一步吧，赶快让这个企划案达到高潮，OK？"

男同事先是愣了一下，看着方芳一脸真诚的笑，也忍不住哈哈大笑，他终于让步了。

方芳能最终说服男同事，是因为她在适当时机加入适度的幽默，才化解了僵局。在职场上，女性不妨在不失矜持的前提下运用幽默，可以消除双方的紧张和压力。俄国文学家契诃夫说过："不懂得开玩笑的人，是没有希望的人。"

幽默可以淡化人的消极情绪，消除沮丧与痛苦。具有幽默感的女人，能在生活与工作中轻松自如地处理烦恼与矛盾，使周围的人感到和谐愉快、融洽友好。培养自己的幽默感，可以从以下几点去做。

(1)陶冶情操，乐观面对现实。幽默是一种宽容精神的体现。要善于体谅他人，要使自己学会幽默，就要学会宽容大度，克服斤斤计较。而且，幽默与乐观是亲密的朋友，只有乐观的人才能把困境抛开，敢于戏谑尴尬，让生活中永远充满笑声。幽默的女人是乐观的，能言善辩，反应机智，这需要有一种快乐成熟的达观态度，而且在身处逆境之时，也能够从容镇定，开朗豁达，这样才能领略到人间不一样的风景。

(2)扩大知识面。幽默是一种智慧的表现，它必须建立在丰富知识的基础上。一个人只有具备审时度势的能力和渊博的知识，才能做到谈资丰富，妙言成趣，从而做出恰当的比喻。要培养幽默感必须广泛涉猎，充实自我，不断地从浩如烟海的书籍中收集幽默的浪花，从名人趣事的精华中撷取幽默的宝石。

(3)培养敏锐的洞察力。提高观察事物的能力。培养机智、敏捷的能力，是提高幽默的一个重要方面。只有迅速地捕捉事物的本质，用恰当的比喻、诙谐的语言，才能使人们产生轻松的感觉。

(4)日常生活的不断积累。多读、多看、多听、多学，拥有的幽默资料也就多了，而且可以模仿、借鉴、参考的素材就更多了。在自己所处的环境中多练习使用幽默的语言，幽默就会成为你自己所拥有的财富。幽默的女人是智慧的，没有一定的文化底蕴是学不会幽默的，但是仅仅具有文化底蕴也是不够的，还需要灵气和才智。而一个具有灵气和才智的女人肯定是充满智慧的。

小霞是一个刚毕业的大学生，找工作处处碰壁，但是她坚信自己一定能找到一份好工作。一次，她给一家外企发了一份简历，第二天就收到了对方发来的“未被录用”的邮件。对方的邮件写着：很遗憾，您未被录用。可能是系统出了问题，对方相同内容的邮件，竟然有好几封。

于是，她给对方回复了一封邮件，说：“既然您对没有录用我表示如此的遗憾和内疚，为什么不能给我一次面试的机会呢？”

对方的招聘人员觉得好笑，想看看这到底是个什么样的女孩，于是就给了她一次面试的机会。结果她顺利通过了。

在后来与外国经理的相处过程中，小霞也总能够抓住机会幽默一下，使得本来尴尬的气氛变得缓和，而且，结局永远是快乐的。例如有一次，外国经理不小心把一杯可乐打翻，可乐洒在地毯上，他自嘲地说：“一会儿蟑螂部队肯定会大规模地袭击我的办公室。”小霞想了想，微笑着对经理说：“绝对不会，因为中国的蟑螂只喜欢吃中餐。”经理很愉快地看着她，放声大笑。以后的日子里，小霞很是得到这位经理的器重，工作也非常顺利。

求职也好，与领导相处也好，小霞的幽默吸引了他人，带给了她很大的成功。女人的幽默更多地来自于女人对生活的独特体验与理解，是一种点点滴滴中的智慧的释放。一个懂得幽默的女人，她不一定美丽，但却是智慧，而且善解人意的。这样的女人喜欢生活，懂得用自己的方式化解怨愤，用微笑放松自己。他们既没有“储存快乐，过时作废”的担忧，也没有“怨艾积郁，累累成愁”的隐患，她们之所以招人所爱，是因为懂得生活，懂得用智慧增添自己的魅力。一个没有幽默感的女人，就像鲜花没有香味，只有形没有神。那外表的光鲜，会让人感觉还少一口气。走在明媚的阳光下，甩一甩头发，俏皮地幽自己一默，勇敢地自嘲几句，难道不更加迷人吗？

7

真情投入，会说更会听

很多女人潜心修炼自己的说话艺术，却忽视了学习听人说话的能力。殊不知倾听是一门优雅的艺术。一般来说，那些情商高的女人善于聆听，她在聆听别人说话时，会仔细听别人说，而不是自己口若悬河。学会倾听，这是许多成功者说话的秘诀。多数人在与别人交谈的时候，不注意倾听。他们只关心自己要说什么，他们不知道用耳朵交流，只知道抓住机会滔滔不绝。其实，每个人在与别人交谈的时候，都喜欢善于倾听而非善于交谈的人。当你和一个人说话时，对方看着你，洗耳恭听，而和另一个人说话时，对方总是打断你、抢你的话题或不停地做其他的事情，这两个人你更喜欢哪一个呢？答案很明显，你会选前者，而不喜欢后者，因为后者不懂得倾听。

曾经有个小国的人到中国来,进贡了三个一模一样的金人,金碧辉煌,把皇帝高兴坏了。可是这小国的人不厚道,同时出了一道题目:这三个金人哪个最有价值?皇帝想了许多的办法,请来珠宝匠检查,称重量,看做工,都是一模一样的。

怎么办?使者还等着回去汇报呢。泱泱大国,不会连这个小事都不懂吧?最后,有一位退位的老臣解出了这道题。皇帝将使者请到大殿,老臣胸有成竹地拿着三根稻草,插入第一个金人的耳朵里,这稻草从另一边耳朵出来了。第二个金人的稻草从嘴巴里直接掉出来,而第三个金人,稻草进去后掉进了肚子,什么响动也没有。老臣说:第三个金人最有价值!使者默默无语,答案正确。

最有价值的人,不一定是最能说的人。老天给我们两只耳朵一张嘴巴,本来就是让我们多听少说的。善于倾听比善于说话有价值。倾听能使对方喜欢你,信赖你。当我们专心致志地听对方讲,努力地听,甚至是全神贯注地听时,对方一定会有一种被尊重和重视的感觉,双方之间的距离必然会拉近。在生活中,最有魅力的女人一定是一个好的倾听者,而不是滔滔不绝、喋喋不休的人。

当一个人在说话时看到对方很真诚地在倾听,他会顿时产生一种自己被尊重、被重视的感觉。倾听,不仅仅是对别人的尊重,也是对别人的一种赞美。也许在交谈过程中她并没有说上几句话,但是她一定会得到他人的肯定,认为她是善于言辞的人。这样的女人,也是最容易成功的女人。当然,倾听不仅仅是保持沉默,用耳朵听而已。如果我们只用眼睛或耳朵来接收文字,而不用心去洞察发现对方的心意,就没有实现读或听所希望达到的目的,结果只是浪费时间,并不能起到有效沟通的目的。女性真正的倾听,是要用心、用眼睛、用耳朵去听,要达到这种境界,必须掌握以下倾听的技巧。

第一，全心全意地倾听。

听音乐时，你也许喜欢轻敲手指或频频用脚打拍子，这没有问题——但听别人说话时却十分不好，因为这些小动作最容易伤害别人的自尊心。要设法撇开令你分心的一切——不要理会墙角里嗡嗡作响的苍蝇，忘记你当日要去看牙医。眼睛要看着对方，点头示意或打手势鼓励对方说下去，借此表示你在用心倾听。要是你轻松地坐着，全神贯注，不用说话也能清楚表示你听得津津有味。倾听别人说话是尊重别人的表现。记住：多数时候你只需要倾听。

第二，用身体去听。

坐直了，不要弯腰驼背，一副无精打采或者随意散漫、玩世不恭的样子，身体稍微向前倾斜，表示更加专心。不要做修剪指甲，或者打哈欠的动作。让你身体的每个部分都成为注意倾听的一部分。

第三，及时用动作和表情给予回应。

谈话时，应善于运用自己的姿态、表情、插入语和感叹语。如微笑、点头等，都会使谈话更加融洽。除了用言语表示你的意见，你还需要用肢体语言反馈你的信息。眼睛也能倾听。注视着对方，表示对他的话感兴趣；若东张西望，心不在焉的样子，或者一会儿看看手表，这就是在告诉别人你很无聊，不想再继续听下去了。

第四，适时适度地提问。

这是一种倾听的方法，它能够给讲话者以鼓励，有助于双方的相互沟通。要使别人对你感兴趣，那就先对别人感兴趣。问别人喜欢回答的问题，鼓励他人谈论自己及他所取得的成就。

世界最著名的影视记者伊撒克·马士逊曾明确指出，世上许多人之所以不能留给人良好的印象，正是因为他们不能耐心地做个好听众，“由于他们只关心自己接下来要说的话，所以根本不肯耐心地去听人家把话说完……”做一个懂得倾听的人并不需要太多的条件，只要我们尊重述说者，只要我们用诚心去倾听，那么人人都能成为懂得倾听的人，人人都会是安抚受伤心灵的良药。身在职场的女性，要懂得倾听、学会倾听，当你认真地倾听别人的诉说时，不但能够体现出你个人的修养，同时也能够把握到对方完整的意图。懂得倾听，其实就是要我们女性多听少说。倾听是成功的人际沟通的一半，倾听是善意的表示，是真诚的象征，更是建立同感、沟通心灵的基础。善于倾听的人，永远是深得人心、善于沟通的人。每个人的成长与发展，都要依赖于这种有效地接受和处理各种信息的能力。所以，我们要认真倾听，做一名忠实的听众。这是有效交流的一种方法。

第六章

以诚待人，融洽相处：宽容处事增添女性的气度

宽容是一种非凡的气度、宽广的胸怀，是对人对事的包容和接纳。女性的宽容更是一种高尚的品质、崇高的境界，是精神的成熟、心灵的丰盈。宽容是一种仁爱的光芒、无上的福分，是对别人的释怀，也是对自己的善待。宽容的女人具有睿智的思想，用一双灵透的眼睛，分辨世间的雨雪风霜，用一颗练达的平常心，来显露与众不同的气质。

1

善良天性是为人处世之本

怀有一颗向善的心,宽容地善待他人,这就是善良。善良是女人的本性,也是女人的品质,拥有了善良也就拥有了美丽,善良的女人永远是美丽的,那是一种心灵的美丽,一种永不凋谢的美丽。善良的女人有修养,正直,大度,豁达,人生境界高。俗话说:"近朱者赤,近墨者黑。"与善良的女人在一起同时也净化了你自己。生活中,为什么有的人长得貌美如花,却没有吸引力呢?而有的人相貌平平,却魅力四射,十分迷人,赢得他人的好感?因为她具有善良的品德。善良是一种美丽。善良使女人美丽,女人因善良而更美丽。一个女人只有深知给予的道理,她才能有所获取,她的生命才能散发长久的馨香。

在我们的实际生活中,华丽打扮和娇媚容貌的女人,如果她们口吐恶言或是有着不雅的举动,即使她再美,我们也能很快淡忘她。而我们接触的一些善良女人,却总能在我们脑海里随时浮现她们美丽的笑容。我们赞美那些善良的女人,因为她们才使得"人间只有真情在",这样的女人使我们的生活真正充满阳光。在这片阳光下,我们每个人都在制造阳光,所以大家都能感受温暖。正因为如此,人们才说出了"善良的女人才是永远美丽"的话。善良是一种不带功利性的人性原则,是一种内在修养,这种修养不是与生俱来的,它要靠后天修行得来。女人一定要学会善良,因为善良中蕴含着宽容与大度,善良中蕴含着理解与尊重,善良中包含着仁爱友善，善良中包含着慈悲为怀。作为女人，你一定要把善良作为信仰放在人生的坐标上，对亲人、对朋友知道疼惜、知道感恩、知道原谅。做善良的女人吧，当别人有困难或需要帮助时，在伸出双手相助时别忘了温柔的一笑，那会让你展示出女人永恒的善良之美。一颗善良的心，是一个女人最大的财富。有向善之心的女人，一定爱帮助他人，且在其中得到真诚的快乐。对亲人、朋友的关心，让她们在“闲不住”之时就会乐呵呵地获得成就感。

胡安梅老师，她在父亲病逝后，继承父亲的遗愿，义无反顾地当上了民办教师。她一家住在四面透风的土房中，没有条件改善生活。她虽然家境贫寒，但她毫无保留地把自己极少的工资捐献出来，为学生交学费、买书本。长期以来，她有无数机会走出大山，到大城市里去挣钱，但是她舍不得孩子们，她不想让山里的孩子世世代代都是文盲！孩子辍学，她就跑遍大山的每一道山梁，每一个角落，苦口婆心地劝说家长让孩子们上课，用一片赤诚之心换来家长的理解和支持，默默地用自己的青春和汗水辛勤地浇灌着下一代。

像胡安梅这样诚实质朴的女人，表现出了高尚的品德和无私奉献的精神，这也是善良。女人可以不漂亮，也可以不温柔，但是却绝对不可以不善良。对于男人来说，女人不需要拥有绝世的容颜，不需要拥有才高八斗的才华，但一定要拥有善良的心地。试想一下，一个邪恶的、处处耍心机的女人，怎么会有男人敢去靠近？善良的女人不会把漂亮当作资本。她们即使美丽，也不忘不断地提高修养，不断地完善自己的内涵。善良的女人不会轻易怨天尤人，那是无能的体现，善良的女人不会牢骚满腹，这会使女人保持风范。

善良是一种美德，一种天性，女人只有拥有了它，才会成为一个为人间撒播爱心的天使。优秀的女人必须是善良的。之所以把善良看得如此重要,因为善良是这个世界上最美好的情操。有人说善良的女人能像明矾一样,使世界变得清澈。应当说,女人的善良是人类温情的源泉。世界因有善良女人的支撑而流光溢彩,生活因有善良女人的爱心而花香果甜,历史因有善良的鼎立和推动而更增加了一份前进的力量。

善良代表了一个人的生活态度,尤其是一个女人的生活态度。善良同时也是一把保护伞。一个被公认为善良的人,会获得更多的理解、庇护和同情。在激烈竞争的社会环境中,能获得这样的认可,你就会获得更多的机会。善良的女人用心浇灌成自己的美丽,她们的美丽也就留存在别人的心中。善良的女人们是最值得称颂的,只有她们才配得到称赞。有了她们,我们才能感受"人间自有真情在",这样的女人令我们的生活充满阳光。青春易逝,容颜易老,女人不可能一辈子年轻貌美,但女人可以做到一辈子善良。善良的女人,由内至外散发她的人格魅力。善良不分年龄,不分时段,不分场合,不分事件大小,善良用行动浇灌而成,是热心帮助他人,给予他人阳光与爱心的结晶。善良的美丽是永恒的美丽,永驻人们心中。

2 宽容是成熟女人的标志

宽容是一种生存的智慧和艺术,是看透了社会人生以后所获得的那份从容、自信和超然。学会宽容是一个女人成熟的标志。宽容一方面表现在处事上不愤世嫉俗、不感情用事。生活中,确实存在很多矛盾和困难:物价上涨,住房拥挤,人际关系紧张,还有这个"难",那个"难",真让人有点喘不过气来。诅咒、谩骂、生闷气都无济于事，倒给疲惫的身躯又增加了几分新的负担。只要冷静观察，就会发现人们的生活本来就是苦、辣、酸、甜、咸五味俱全。在生活中，“看不惯”的很多，理解不了的也很多，失望的也很多。但人的能力毕竟是有限的，愤世嫉俗不会改变事态的发展。所以，气质女人应当适应事件的发展，在适应中发现“破绽”，掌握改变的契机和应知应会的本领，而不是游离其外去指手画脚。这就是一种宽容的表现。另一方面，宽容体现在对别人的不苛求，“但能容人且容人”。每个人都有自己的思维、工作、学习、生活习惯，既有其长处，也有其短处。在社会生活中，人们总要同各种各样的人打交道。所以，为了生存和发展，为了事业的成功，我们必须习惯于人际交往，善于同各种各样的人，特别是同能力、天赋等各方面不及自己或脾气秉性与自己不同的人友好相处、协调共事。

美国玫琳凯化妆公司的创始人兼董事长玫琳凯，这位化妆业的巨头，以她的智慧，缔造了世界化妆界的神话。

玫琳凯的成功，与她从小养成的宽容性格不无关系。她是一位命运多舛的女子，30 岁以前，生活中的灾难一个接一个地降临到她身边。很小的时候，父亲因病住院，母亲为了照顾全家人的生活，从早到晚在外打工赚钱。玫琳凯 7 岁时，便担当起重病中的爸爸的厨师与护士工作。当时，个子矮小的她站在椅子上给爸爸做饭，做饭时，她要打 20 多个电话给妈妈。在电话里，妈妈一直用话激励着她：“宝贝，妈妈知道你能做好，一定能！”正是妈妈这句话，让小小的玫琳凯有了自信，即使把饭做得不好，她也不沮丧，而是充满信心地迎接第二次的工作。更重要的是，在做这一切时，使她拥有了宽容的心胸。

命运好像有意栽培这个宽容美丽的女孩，27 岁那年，她的第一任丈夫与另一个女人私奔离家出走，把三个未成年的孩子留给了她。这时的玫琳凯，没有一分钱的积蓄，更没有经济来源，丈夫的突然离家，等于是把她逼上了绝路……面临着重重困难。玫琳凯痛定思痛后，决心用爱和双手改变自己和孩子的命运。第二天，她强装笑脸，到社会上去谋生路。几经奔波，她终于找到了一份既能照顾家又能干事业的直销工作。

在工作当中，她以宽容的心胸对待竞争对手，以坦诚的笑容与顾客交心，并开始一步步地走上公司的领导职位。对于男同事的偏见，玫琳凯始终以宽容的心胸看待此事。

她创办自己的公司时，只有 9 个人，创业过程充满艰辛，但她始终以宽容的心胸对待。今天，她的公司有 75 万名员工，销售额达 2 亿美元。

20 世纪 90 年代的玫琳凯已经是曾祖母了，但她却笑着说："我觉得我才 24 岁。"在她眼里，她宽容的心胸不会随着年纪的增大而老去。她相信，一个宽容的女人，是永远年轻的。

这就是宽容带给女性的智慧，就是这种宽容的心胸，让她在面临困难，身陷人生低潮之时，不惧怕，更不奢望逃避，而是微笑着站起来，寻找理想的目标。宽容是力量和自信的标志。宽容是幸福女人必不可少的处世法宝。在生活当中，需要一种宽容，更要学会宽容，没有宽容，会使你处处碰壁，寸步难行。没有宽容，就会像过街老鼠，处处挨打。因为你是生活在群众当中，你要和众多的人打交道。因此不可能一切都随心遂意，境随心转。毕竟我们都不是圣人，不可能让整个世界都依从着你。因此我们要学会宽容，要用宽广的心胸去包容一切违逆和挫折，更要以宽广的心胸去理解他人的误会和偏见。

气质女人不管何时何地，懂得以宽容的心去包容。善解人意、宽容大度、胸襟开阔是好女人所具备的品质，更是气质女人所不可或缺的品位。在莎士比亚的戏剧《威尼斯商人》中有这样一句台词："宽容是上天的细雨滋润着大地，它赐福于宽容的人，也赐福于被宽容的人。"的确，宽容是我们每个人再熟悉不过的词，也是一个人走向成功必须具备的心理品质。

宽容大度的胸怀，敏锐智慧的头脑，善良谦逊的人品才能充满魅力。宽容的女人优雅端庄，那种超然特质与纯朴本色的完美交融，像散发着迷人的芬芳的花儿让人难忘。宽容女人的魅力既蕴含于她们的举手投足之间，更辉映在她们的眉宇与谈吐之间。她们懂得时尚属于瞬间，品质属于永远，更懂得自尊自爱，自强自重，所以她们始终保持一种乐观向上的心态。一个女人要想一生走得潇洒、从容，就要拥有宽容的性格。

一则禅宗的故事最能诠释“宽容”二字的内涵。慧能大师是终南山一有道高僧。寺旁有一少女，与仇家之子相恋，生下一子，其父责问是谁的儿子，此女被逼不过，又怕心上人吃亏，就随口说是慧能大师的。其家人把新生儿送到庙中，并对慧能大师百般羞辱；慧能大师什么也没说，就把孩子抱入庙中，把同道的冷嘲热讽当作耳边风。为了使新生儿活下去，他每天下山为孩子找奶吃，任人们往脸上唾口水，毫不在意，只当是自己的孩子一般。后来两家和好，相爱的年轻人终成眷属。两人至此才说出真相。女家很不好意思，人们知道真相后，纷纷为慧能鸣不平。大家一起上山向慧能大师表示歉意。慧能大师什么也没说，把已经会走路的小男孩交给小两口，就进庙去了。大师的无言，不正是对“宽容”一词的最好诠释吗？

俗云：“泰山不辞土壤，所以泰山才会高大；大海不择细流，所以大海才更宽广。”只有拥有宽容，我们的人格才会更加崇高，只要人人都能相互宽容，我们的世界就会变得更加温馨。聪明的女人喜欢用一颗宽容的心去对待别人，因为她们懂得如果用“小心眼”去看待问题，一定会看得越来越小，并将自己引入伤悲。只有宽宏大度地去对待，才能得到属于自己的幸福和快乐，不断去收获自己生活上的惊喜。

3

尊重他人才能赢得别人的尊重

尊重指敬重、重视。人的内心都渴望得到他人的尊重，但只有尊重他人才能赢得别人的尊重。尊重他人是一种高尚的美德，是个人内在修养的外在表现。尊重他人是一个人修养好的表现，是一种文明的社交方式，是顺利开展工作、建立良好的社交关系的基石。自己对待别人的态度往往决定了别人对待我们的态度。这就像一个人站在镜子前，你笑时，镜子里的人也笑；你皱眉，镜子里的人也皱眉；你对着镜子大喊大叫，镜子里的人也冲你大喊大叫。所以，要获取他人的好感和尊重，首先必须尊重他人。做一个修养好的女人，就应该遇到问题要努力解决，不能让人感觉你很消极。不歧视和欺负别人。每个人都有优点和缺点，不能嘲笑别人，要学会尊重别人。不要以为自己什么都很懂，什么都会。要保持谦虚的态度。即使自己会，也不能只顾去表现自己，只顾着自己出风头。有时也要给别人机会，才能让大家相处和睦。

一位颇有名望的美国富商在路边散步时，遇到一个衣衫褴褛的摆地摊卖旧书的年轻人，在寒风中啃着发霉的面包。有着同样苦难经历的富商顿生一股怜悯之情，便不假思索地将 8 美元塞到年轻人的手中，然后头也不回地走了。没走多远，富商忽然觉得这样做不妥，于是连忙返回来，从地摊上捡了两本旧书，并抱歉地解释说自己忘了取书，希望年轻人不要介意。最后，富商郑重其事地告诉年轻人说："其实，您和我一样也是商人。"

两年之后，富商应邀参加一个商贾云集的慈善募捐会议时，一位西装革履的年轻书商迎了上来，紧握着他的手不无感激地说：“先生，您可能早忘记我了，但我永远也不会忘记您。我一直认为，我这一生只有摆摊乞讨的命运，直到您亲口对我说，我和您一样都是商人，这才使我树立了自尊和自信，从而创造了今天的业绩……”

富商也万万没有想到，两年前一句普通的话竟能使一个自卑的人树立了自尊心，使一个穷困潦倒的人找回了自信心，使一个自以为一无是处的人看到了自己的优势和价值，终于通过自强不息的努力获得了成功。这就是尊重的力量。

一个人只有懂得尊重别人，才能赢得别人真正的尊重。尊重他人是一种高尚的美德，是个人内在修养的外在表现。为尊重明星运动员呐喊与喝彩是尊重，给普通运动员以鼓励和掌声同样是尊重。在生活中，对各级领导的崇敬是尊重，对同事、对下级、对普通的平民百姓以诚相待、友好合作，倾听他们的声音，同样是尊重。当他人功成名就时给以赞扬而不是贬低是尊重，对情趣相投的人真诚相待是尊重，对性格不合的人心存宽容同样也是尊重。尊重他人，生活就会多一分和谐，多一份快乐。

一个小城里，有个家财万贯的财主。他十分有钱，却又十分苦恼，因为他总感觉别人不尊重他。有一天，这个财主在街上散步时，突然看到路边坐着一个衣衫褴褛的乞丐，面前摆着一个破碗。财主灵机一动，心想机会来了，便大模大样地走过去，向乞丐的破碗中丢下一枚银光闪闪的钱币。

财主得意洋洋地站在一旁，以为他的慷慨施舍会换来乞丐的毕恭毕敬，谁知乞丐头也不抬，仍旧是自顾自地忙着捉虱子。财主越看越气恼，他大声喝道：“你难道瞎了吗？没看到我给你的是金币吗？”乞丐根本不看他，慢慢地说道：“给不给是你的事，不高兴可以拿回去。”财主大怒，可心又不甘，于是，又往破碗里丢了十个金币。他心想，乞丐刚才一定是嫌钱少，这回该向自己俯首道谢了吧。岂料乞丐依然是一副爱答不理的神情。

财主气愤极了，破口大骂道：“你可看清楚了，我给你的是十个金币，我可是城里最有钱的人，难道你不该向我道谢吗？”乞丐这才看了他一眼，慢腾腾地回答道：“有钱是你的事，尊不尊重你则是我的事，这是强求不来的。”财主这回可真急了，他说：“那么我把我的财产的一半送给你，能不能请你尊重一下我呢？”乞丐翻着一双白眼看着他：“给我一半财产，那我不是和你一样有钱了吗？为什么还要我尊重你？”财主连忙说：“好，那我将所有的财产都给你，怎么样，这下你可愿意尊重我了吧？”乞丐哈哈大笑起来：“你把全部的财产都给我，那你就成了乞丐，而我就成了富翁，凭什么要我来尊重你呢？”财主气得哑口无言，乞丐则拿着金币大摇大摆地离去了。

这个财主自以为腰缠万贯，就应该得到乞丐的尊重，他忘记了，尊重是建立在相互尊重的基础上的。他趾高气扬的态度，只能换来别人的敌意，还有什么尊重可言。《圣经·马太福音》有句话：“你希望别人怎样对待你，你就应该怎样对待别人。”这句话被大多数西方人视作是工作中待人接物的“黄金准则”。你对别人的尊重其实不仅是尊重了别人，也同时尊重了自己，因为尊重也会使别人对你肃然起敬。同学之间、同事之间、邻居之间、师生之间、上下级之间要学会互相尊重，就是夫妻之间也应该互相尊重。

有一次，英国维多利亚女王和丈夫吵架，丈夫独自一人回到卧室。当女王准备就寝时，发现卧室的门从里面锁上了，只好敲门。里面传来丈夫的声音：“是谁？”

维多利亚傲慢地回答道：“是我，女王。”丈夫不再作声，也没有开门。女王只好再次敲门。

丈夫又问道："是谁？""是我，维多利亚。"女王没好气地说。

里边依然没有动静。女王不得不再次敲门。

丈夫再一次问道："是谁？"

女王这回可学乖了，轻声地说道："是我，你的妻子。"

这一次，门开了，两人很快就和解了。

即使是面对自己最亲密的人，也不能忘记做人最基本的礼仪，即使是尊贵的女王，也应当学会对他人尊重。常言道：送花的人周围都是鲜花，种刺的人身边都是荆棘。

无论是在学习、工作还是生活中，无论是对领导、同事、下属，都应该自觉地去尊重他人，因为每一个人都希望得到他人的尊重。因此，在你说与做之前，多想想别人的感受，多顾及身边的人，同时也不要强人所难，把自己的思想强加给别人，要知道，每个人都有自己的想法，都有自己不同的兴奋点，要尊重别人的意愿，因为自己喜欢的东西别人不一定喜欢。只有如此，才能使自己成为受欢迎的人。

4

认真办事让女人如鱼得水

对于女人来说，如鱼得水的生活必定是有智慧的生活。生活的大智慧有时很简单，就是认真做事。世上万事最怕的就是"认真"二字，伟大的革命导师恩格斯曾经说过："谁肯认真地工作，谁就能做出许多成绩，就能超群出众。”毛泽东也曾说：“做任何事情最怕认真。”无论你遇到什么困难，只要你拥有了认真这一法宝，就能够战胜它，获得成功。

佛经上有一个故事：一个比丘叫周利盘陀伽，非常愚笨。有一天，佛陀见周利盘陀伽在哭，就问他为什么哭。他说：“佛陀，我是一个愚钝的人。我随哥哥一同出家，哥哥前些时教我背诵一偈，我记不住。哥哥说我修道没有希望，命令我回家，不准我住在这里。我被他赶出来，所以在这里哭。恳求佛陀慈悲救我！”佛陀听后，很慈祥地安慰他说：“自己知道自己是愚，这就是智者。真正愚钝的人是那些自以为聪明的人。”佛陀于是把他带到自己的住所，亲自耐心地教导他。但周利盘陀伽实在太笨了，四句偈教了半天，一句也记不住。佛陀就启发他：“你每天都做些什么事呢？”“扫地。”“用什么扫地呢？”“扫帚。”佛陀就叫他念“扫帚”两个字。周利盘陀伽就一心只念“扫帚”这两个字，几年以后，他终于悟道，成了著名的比丘。

这个故事说明一个道理：无论什么人，只要认真去做，就一定能获得成功。一旦把认真变成习惯，即使能力平平的人，也能焕发出令所有人感到敬畏的力量。做任何事，都需要认真，认真意味着专注、思考、创新、唯美、超越、发现、关爱……没有认真，书中再美的句子都似烂草一堆；没有认真，你的生活就像一片荒芜的沙漠，连海市蜃楼都不会出现。正是有了认真，鲜花才更鲜艳，掌声才更响亮，成功才更有意义。

有位医学院的教授，在上课的第一天对他的学生说：“当医生，最要紧的就是胆大心细！”说完，便将一只手指伸进桌子上一只盛满尿液的杯子里，接着再把手指放进自己的嘴中。随后教授将那只杯子递给学生，让这些学生照着他的做法来做。

看到每个学生都忍着呕吐，像教授一样把手指探入杯中，然后再塞进嘴里。教授看着学生的狼狈样子得意得要命，最后他微笑着说："哈哈，不错，不错，你们每个人都够胆大的。"紧接着教授又难过起来："只可惜你们看得不够认真，没有注意我探入尿杯的是食指，放进嘴里的却是中指啊！"

在我们的生活中，只有认真仔细才不会犯错误。认真做事不应该只是一种态度，更应该是做事必备的品质，应作为目标努力去实践。认真是一种伟大的力量，世界上任何伟大的成就，无一不是靠认真换来的。认真是气质女人必备的成功素质。也许，我们从小就被教育"要认真学习，要认真工作"，不免对"认真"两字听得耳朵都起了茧。我们总以为很多事情都是可认真可不认真的。一不小心，敷衍的魔鬼就钻进了心里，我们会想不过一件小事，没有必要太认真。殊不知，正是一次又一次的自我纵容，让我们与成功失之交臂。结果，那些看似天资平凡却肯认真做事的人超越了我们，而我们却在原地踏步。

只有最认真的人，才会有最卓越的成就。想实现伟大的理想，首先就要脚踏实地、认认真真地做好眼前的事。一个人如果对待每项工作都很认真，那么即使他处在世界上任何一个不起眼的角落，都终将脱颖而出。所以，对待每一个问题，我们都必须认真处理。这需要我们有认真负责的态度，有高度的热情，用心做。认真不仅仅是一种对待事业和人生的态度，更是一种重要的能力。一旦认真渗入进自己的骨髓，融化进自己的血液，就能焕发出一种神奇的能量。社会发展越来越快，激烈的竞争对人的能力和素质提出了更高的要求。如果我们想提高自己的能力，就必须要把自己培养成一个认真做事的人。

气质女人做事需要养成认真的习惯。在竞争越来越激烈的 21 世纪，即便是一些微小的差异，也可能成为决定胜负的关键。凡是想成功的人，必须不断地超越平凡，力争完美；超越优秀，力争卓越。而使人不断超越，以微小差异战胜一切竞争对手的，正是认真的精神。气质女人自我价值的实现，都要求认真、认真、再认真，来不得半点敷衍和糊弄。

5

以开放的心态广交朋友

社会越是发展，人们互相联系、互相交流的关系就越是密切，广交朋友就更显得重要。在现实生活中，常常有这样的情况，某些事和家人说有顾虑，同朋友说，则可敞开心扉。因此人要有朋友，要广交朋友，要广交真挚的朋友。交朋友的好处很多、益处极大。一个人在现实生活中，难免有种种疑虑、困惑，需要寻求帮助，听听他人的分析，使自己在做出抉择之前，取得比较明智的见解，以便下定决心。作为朋友，当你有了困难，能鼓你奋进；有了挫折，促你奋起；有了志向，催你奋斗；当你奋发有为时，朋友会提醒你要谦虚谨慎；当你看到天外有天，人上有人，产生不满、嫉妒，萌生邪念时，朋友会委婉地规劝你，让你悬崖勒马，远离“一失足成千古恨”的危险境地。

有两个朋友在沙漠中旅行，在旅途中的某点他们吵架了，一个还给了另外一个一记耳光。被打的觉得受辱，一言不语，在沙子上写下：“今天我的好朋友打了我一巴掌。”他们继续往前走。到了一条大河边，过河时被打巴掌的那位差点淹死，幸好被朋友救起来了。被救起后，他拿了一把小剑在石头上刻了：“今天我的好朋友救了我一命。”一旁好奇的朋友问：“为什么我打了你要写在沙子上，而现在要刻在石头上呢？”他笑笑回答说：“当被一个朋友伤害时，要写在易忘的地方，风会负责抹去它；相反的，如果被朋友帮助，我们要把它刻在心灵的深处，那里任何风都吹不到它。”与朋友的相处中偶尔伤害是无心的，而帮助却是真心的。忘记那些无心的伤害，铭记那些对你真心的帮助，你发现这个世上你其实有很多真心的朋友。

人可以没有金钱，没有事业，没有家庭，但是人活在世上就不可以没有朋友！对女性而言更是如此！友谊是一棵常青的树，它总是在我们成长的路上给予我们力量，赋予我们希望。所以如何交好朋友就显得尤为重要。在与人交往中，可以坦然接受朋友的帮助，也应该诚心帮助朋友。精神上的帮助和关怀鼓励，往往比物质上的帮助和关怀鼓励更有价值，因为物质上的帮助是可以偿还的，而精神上的帮助是无法偿还的。

朋友相处是一种相互认可、相互仰慕、相互欣赏、相互感知的过程。对方的优点、长处、亮点、美感，都会映在你脑海，尽收眼底，哪怕是朋友一点点的可贵，也会成为你向上的能量，成为你终身受益的动力和源泉。朋友的智慧、知识、能力、激情，是吸引你靠近的磁力和力量。同时你的一切也是朋友认识和感知你的过程。朋友是彼此一种心灵的感应，是一种心照不宣的感悟。你的举手投足，一颦一笑，一言一行，哪怕是一个眼神、一个动作、一个背影、一个回眸，朋友都会心领神会，不需要彼此的解释，不需要多言，不需要废话，不需要张扬，都会心心相印的。那是一种最温柔、最惬意、最畅快、最美好的意境。相携到老的源泉不是几分钟、几天的热情，而是一种真心的相爱，它要的是勇气，要的是无言的相知。爱的结果不一定像童话那么圆满，有时是无奈甚至是苦涩的，但只要是心到了，结局至少不会留下遗憾。朋友是漫漫人生路上的彼此相扶、相承、相伴、相佐。她是在你烦闷时送上的绵绵心语，寂寞时的欢歌笑语或款款情意，快乐时的如痴如醉或痛快淋漓，得意时善意的一盆凉水。在倾诉和聆听中感知朋友深情，在交流和接触中不断握手和感激。

有这样一个故事：一个富翁有10个女儿，他保证在自己去世的时候会给每个人100万美元。随着时光的流逝，年龄的增长，体质逐渐衰弱。重病在身的他知道自己在世的日子不多了，就叫10个女儿来到床前，将他的财产进行了分配和安排。他给了前面9个女儿每人100万，对最小的女儿说："现在我只剩下50万了，还必须从中取出30万作为我的丧葬费，我只能给你20万。不过，我还有10个朋友，准备都给你，他们比金钱好得多。"于是，他把10个朋友一一介绍给了最小的女儿，不久富翁就死了。每人得到100万的那9个女儿各自谋生，最小的女儿也慢慢地花着父亲留给他的那20万。当她剩下最后1000美元的时候，决定用它请父亲的10个朋友美餐一顿。朋友们一起吃着喝着，都纷纷说："在这么多姐妹中，你是唯一还记得我们的人，让我们帮你一把，报答你对我们的好意。"于是，他们每个人给了她一只怀有牛犊的母牛和一些钱。母牛产下小牛，她变卖小牛，开始用换回来的钱做生意。由于她聪慧、勤奋，财富像滚雪球一样不断地累积，后来她比自己的父亲还要富有。成功后的小女儿深有感触地说："我父亲说朋友比世上所有的金钱都珍贵，这话一点都不假。"

朋友是我们一生最大的财富！朋友也是我们一生最值得珍惜的财富！任何一个人要想取得事业的成功，首先要搞好人脉关系。相关的研究表明，一个人的成功其中80％源于与别人的相处，20％才是来自于自己的能力。人是群居的动物，人的成功只能来自于他所处的人群及所在的社会，只有在这个社会中游刃有余、八面玲珑，才可为事业的成功开拓宽广的道路，一个人如果没有非凡的交际能力的话，免不了会处处碰壁。所以说："人脉就是钱脉！"这已经成为一种人们普遍认同的观点。

俗话说："在家靠父母，出门靠朋友。"广结朋友并不难，关键看你有没有这种主动意识，只要你态度积极，你的朋友无处不在。如果你能从你身边的亲戚、朋友、同事、老乡等关系上不断加以“联系”，形成“网络”，通过你的朋友介绍，在不同场合不断结识到新的朋友、同行，那你的事业一定会顺利。

6 赠人玫瑰，手有余香

“赠人玫瑰，手有余香”是英国的一句谚语，意思是一件很平凡微小的事情，哪怕如同赠人一支玫瑰般微不足道，但它带来的温馨都会在赠花人和爱花人的心底慢慢升腾、弥漫、覆盖。这句话蕴含了友善、给予、关爱他人的无穷快乐，是爱心的一种升华，是感恩社会的一种回报。

一座城市来了一个马戏团。六个小男孩穿戴得整整齐齐，手牵手排在父母身后，等候买票。他们兴高采烈地谈论着即将上演的节目，好像是自己就要骑着大象在舞台上表演似的。终于，轮到他们了，售票员问要多少张票，父亲低声道：“请给我六个小孩和两个大人的票”。母亲心颤了一下，她扭过头把脸垂得很低。售票员重复了一遍价格。父亲的眼里透着痛楚，他实在不忍心告诉他身旁的兴致勃勃的孩子们，我们的钱不够。一位排队买票的男子目睹了这一切，他悄悄地把手伸进自己的口袋，将一张50元的钞票拉出来让它掉在地上。然后拍拍那个父亲

的肩膀，指着地上说："先生，你掉钱了。"父亲回过头，明白了原委，眼眶一热，弯下腰捡起地上的钞票。然后，紧紧地握住男士的手。

"生活就是一面镜子，你笑，它也笑；你哭，它也哭。"你感恩生活，生活将赐予你灿烂的阳光；你感恩社会，社会将给予你加倍的关爱。感恩是一种生活态度，它能让你善于发现事物的美好，感受平凡中的美丽。作为社会的一员，我们肩负着对家庭、对企业、对社会的"责任"，只有拥有一颗感恩的心，做懂得感恩的人，才能真正负得起这种责任。我们无论从事何种职业，身在何种岗位，都应心怀感恩之心，因为感恩能让你有包容天地的胸怀，让你能容忍别人的缺点，不会拘泥于琐事，将过多的精力浪费在相互间的猜忌中。心存感恩的人，才能收获更多的人生幸福和生活快乐，才能摒弃没有意义的怨天尤人，让你时刻保持一种乐观向上的心态。因此，气质女人要有感恩之心。感恩是一种处世哲学，是生活中的大智慧。人生在世，不应该遭遇一点磨难就怨天尤人，种种失败和无奈都需要我们勇敢面对。只有对生活充满感恩，才能跌倒了再爬起来，重新打造我们幸福美好的生活。感恩犹如心灵的泉水，它滋润心田，免于干涸；它近在咫尺，唾手可得，让我们的生命充满生机，洋溢朝气。当我们用感恩的心来看这个世界时，就会觉得我们是多么富有！树上小鸟的轻唱，路旁花朵的芳香，甚至一片阳光，一阵清风，一块绿茵，都会让我们心旷神怡，体验到自然与生命的美丽。一个心存感恩的人，是天下最富有的人，而一个不知道心存感恩的人，即使家财万贯，也是个贫穷的人。心存感恩，才能收获更多的幸福和快乐，才能摒弃没有任何意义的怨天尤人。心存感恩，能让我们更加珍惜身边的人和物，让我们渐渐麻木的心发现生活本是如此丰厚而富有，才更能领悟命运的馈赠与生命的激情。接纳你所失去的，感激你所拥有的，你就会更加热爱自己和他人的生命，更加珍惜现在所拥有的一切。

一个心怀感恩的人心中常常充满了美好，他会感激一切给过自己帮助和支持的人，并将感恩的心投入到工作之中，把每一件小事都会力争高效地完成。2004 年感动中国人物评选中，当选为十大感动中国人物之一的，23 岁的华中农业大学毕业生徐本禹，放弃了本来已经考取的研究生，到贵林山区农村支教的义举就是一种感恩的做法。他说在那十分艰苦的环境中支撑他坚持下去的理由很简单：“因为别人帮了我，我肯定要帮别人。”这个理由也许不能说服别人，但对他自己来说却是最充分的。

生活中处处存在美，存在爱。感恩是一种爱的能量的流动，它像一块磁铁石，可以为我们吸引来亲情、友情、爱情、快乐、健康和一切美好的东西。心怀感恩，我们会更加珍惜生命；心怀感恩，我们的心灵会变得崇高；心怀感恩，我们的生活会变得宁静与祥和。感恩是一种歌唱生活的方式，它来自对生活的热爱与希望。如果在我们的心中培植一种感恩的思想，则可以沉淀许多的浮躁、不安，消融许多的不满与不幸。我们每天都能看到初升的太阳，那是自然之美。我们每天都能拥有他人的关爱与帮助，这是人性之美。生命宛如一条奔流不息的长河，它所流经之处，总会给予他人以甘露，正因为如此，生命的长河被回馈的花瓣点缀得那样美，那样动人。所以说给予也是一种美。回望我们生活的社会，茫茫人海，在生命中的匆匆过客有不少，但是人们却不曾忘记留下自己的一份爱，一份帮助。他们的帮助尽管很渺小，但却让每一位受助之人如沐春风，或许这就是爱的魔力，因此，给予和感恩会让这个世界远离污浊，走向光明。

总之，人的一生，不可能平静地度过，他不能孤立于社会及他人，他需要有他人的关爱与帮助，同时他也应该为他人付出自己的爱。“送人玫瑰，手有余香”，那是幸福的香味，关爱的美丽。有爱，才有阳光；有阳光，才有生命；有生命，才有美丽。这个世界需要爱，需要美丽，需要感恩。那么请用我们的爱，来为这个世界装点。多留下一份爱，便多回馈一份人性美。

第七章

蕙质兰心，书香为伴：智慧是女性永恒的气质之源

女性多读书才能拥有智慧，才能修炼提升自己的气质，以最佳的面貌呈现在大家面前。读书是气质不可缺少的养分。读书在一点点地雕琢着一个人，塑造一个人。读书使女人能把握自己，从容自信，进而富有迷人的持久的魅力。读书的女人很美，她们美得别致，美得精致，即使不施脂粉也是从容得体，神采飞扬，风姿绰约又温婉可人。

1

腹有诗书气自华

大多数女人靠上帝赐予的姣好容颜和得体的服装来展示自己，只有那些既懂得用化妆品装扮自己，又懂得用知识提高自己的素养，外美而内慧的女人，才能算得上真正的美丽女人。21 世纪是一个以知识、智力和创新能力为基础的知识经济时代，知识转化为能力才有用，能力作用于知识才有力量。没有知识的人，在现代社会肯定会寸步难行，而且绝对不可能快乐地生活。在一定程度上，女人的知识与修养决定着一个国家和民族的修养和前途。知识是人类文明的结晶。书作为知识的载体，是人类共有的精神财富。女人，腹有诗书气自华。读书使人充实，可以增加素养、改造思想、增长才能。

知识就是力量，是一个女人的核心竞争力，学习是女性一生的功课！一个女人可以不漂亮，可以不美丽，但是绝不能没有知识与修养。文化知识关系着一个人的内涵与气质。没有文化的人生是苍白空洞的。一个人的文化知识包括学习、生活、理念、待人接物的涵养，体现了一个人外在形象和内在美的统一。知性美的女人是富有魅力的。有知识与修养的女人静若幽兰，芬芳四溢。有知识与修养的女人像潺潺溪水，让周围的人被浸润。修养是一种人生体验到极至的感悟，是人生感悟及至的平静，那是一种更为简单纯净的心态。人生在世有许多未知的东西需要去学习，知识是永无止境的，自然界中，哪怕是一草一木，都有存在的价值与合理性，都值得我们去学习，不学习你永远也不会懂得怎么与人友好相处，怎么与自然和谐共处。所以活着就要去学习，就要去发现，就要用眼睛去观察，生活中不是缺少知识，而是缺少发现知识的眼睛。

知识将对一个女人的事业和人生带来重要的影响。当代女性应在培养才智知识方面多下功夫，只有如此，才能使你充满智慧的光环，显示出经久不衰的魅力。人生最可悲的是，自己贫困又加上没有知识，那真是一生无希望。哪怕你很贫困，但是因为不断地努力上进，逐渐拥有了各种知识，就能通过奋斗改变自己的命运。一个人求知的欲望是与生俱来的，越早掌握知识，那么越能尽快地走上幸福之路。

对于女性来说，杨澜在各个方面都树立了我们女性的高标准。她是中国主持界的奥普拉，因创建"阳光卫视"在商界占有一席之地……作为人到中年的成功女性，杨澜仍保持少女般的身材，容颜从未沾染岁月的痕迹。即便如此接近完美，她仍然不断向新目标启程。杨澜的美，正是在不断超越自己时散发出的自信光芒。杨澜当年激流勇退后，人们似乎才真正开始记住她。舍得放弃的人自然收获更多。如今，身着套装、淡定微笑、出没于名流社会的杨澜成了职业女性的典范。

杨澜是当今我国最出色的女性之一，她美丽、聪慧、优雅、知性，才而立的年龄，就已经实现了许多女人一生都无法实现的人生梦想：考上好大学，找到好工作，嫁给好丈夫，生下好儿女，开创好事业，而且她的精彩人生才只是刚刚拉开序幕……

决定杨澜命运的一个契机，是在央视主持《正大综艺》，在这里，让她获得了全国性的知名度和注意力。虽然在事业上已经小有成就，但杨澜并没有满足，为了给自己充电，她又到国外去学习。在欧美完成学业后，她在事业上再创辉煌。2000 年 3 月，她突然之间收购良记集团，更名为阳光文化网络电视控股有限公司，并成功地借壳上市，雄心勃勃地要打造传媒帝国。那时，在资本市场上，传媒概念正如日中天，阳光卫视的出现恰逢其时，杨澜成了时势造英雄的绝佳样本。

从1994年离开中央电视台赴美留学以后，她相继和东方卫视、凤凰卫视、湖南卫视合作，主持了《杨澜视线》《杨澜访谈录》《天下女人》等节目。从体制内到体制外，从主持人转变为独立电视制片人，从娱乐节目到高端访谈，再到探讨女性成长的大型脱口秀节目，每一次转型，她都会用自己的智慧令人耳目一新。

杨澜的每一次人生转折，似乎都是一次有着机缘的跳跃。她在人们的心目中永远是成功的，她用自己的亲身经历向我们展示了一个女人的成长与睿智。

杨澜的故事告诉我们，每个女性，要想成功，就得不断尝试着创造更新的自我，不断充电，由内而外地自我完善，只有超越自己的女人才最美丽。人类社会越来越文明，作为个体的人，一生中受教育的时间也就越来越长。因此，学习是一种进取的精神。正是由于有了这种精神的存在，人生才有意义。过去已经取得的学历、成绩仅仅代表过去，而迎接你新的进步的只有未来。人生在世通过自己的进步体会着人生的价值，体会着人生的快乐。同时也在为别人的快乐忙碌着和工作着，人们在忙碌的人生之中也获得自我的幸福和满足。由此可见，学习是女人永葆青春的法宝，要跟着时代的步伐与时俱进地改变，与日俱增地积淀，与岁俱增地历练，走出一条人生的"丝绸之路"。

读书，可以增长见识，陶冶性情，使人的情感更细腻，举止更优雅，气质更深沉。淡泊以明志，宁静以致远，非读书是不能达到的。读书为人生带来了最美妙的时光，一个人当他沉浸于文学世界中时几乎可以称得上是世界上最幸福的人。知识从来不怕多，知识是女人智慧的源泉。腹有诗书气自华，滋润灵魂的精神食粮，永远不嫌多。你倘若天生就是一个漂亮的女人，你首先需要的是注重文化修养，要脱俗，要有自信，千万不要被人称为是"胸大无脑"或"金玉其外，败絮其中"。对于女人来说，无论财富还是名誉，这些都是过眼的东西，你带不来也拿不走，它们都不属于你。只有知识是你自己的，你通过努力学习获得了知识，它永远是你的，没有人能夺走。人要积累财富，只有知识是最好的财富。所以，我们都应该做一个终身学习的知识女性，以真正的学识来提升自身的文化素质，这些素质是不会随时间而变老的，反而会因年岁的增长而更有持久的魅力。

2 女人的才气是生命中的亮点

女人身上散发的才气才会迷倒自己的男人。一个女人，如果她拥有如花的容颜，只能说她漂亮，然而漂亮的躯壳终有一天要老去，红颜不再，青春易逝。而拥有才华的女人，她的才华，她的气质，已经不再依附容貌。所以，智慧的女人最不怕时间的流逝，时间和知识的积累，只能让她们的才华更加出众。在漫长的历史中曾经出现过一些才华卓越的女性，它们并不是以自己的美貌耀人，而是凭自己的才华名世。汉末的蔡文姬，晋代的谢道蕴，唐代的薛涛，宋代的李清照……她们用自己的生花妙笔证明了女性不单单为自身的自然价值而存在。

周慧敏，第一代“玉女”掌门人，有了她才有了“玉女”一说，她也一直影响着人们对玉女形象的评价标准，一定是要大眼睛、瓜子脸、长发，气质婉约优雅，清丽脱俗，温柔善良，高贵而不失亲和力，还要有那么几丝不食人间烟火的清纯，这都是周慧敏身上所有的特质。可以说，周慧敏是一个时代，她激发了那个时代的人们对美的所有想象，她如天使般翩然而至，告诉大家：原来女人可以美成这个样子。那个时候的周慧敏是无数人心中的“仙女”“白雪公主”，她集万千宠爱于一身，美得不可方物。

除了美貌以外，周慧敏亦是一个有才华的女子。她在音乐作曲上有着不俗的才情，创作了《人间有缘》《可知我想他》《跟爱情说声再见》《你是真的爱我吗》《风花烟雨间》《爱的成长》等多首广受大众喜爱的作品。在感情上，当遇到了一个合适的男人时，她又像来时一样翩然而去，隐退人后，对于这个让她成名的娱乐圈，没有半点儿的留恋与不舍。自淡出娱乐圈后，她又醉心于钻研画功，作品大获好评。一幅以《新疆老翁》为名的作品，荣获“视艺新纪元”奖；其后又凭作品《望过去，看将来》入围首届“中国水彩人物画展”。从她的画作，我们还可以看出她不俗的内心和不凡的绘画才华。周慧敏为我们树立了一个“美貌＋才华”的完美典范。

所谓才女，总会有一些特别的品质，比如冰雪聪明。从古至今，才女的第一要素绝对是冰雪聪明，玲珑剔透。没有这个前提，别的就不必再说。试想要是谜底通通揭晓她才恍然大悟，也就无甚乐趣可言了。何况既然有别于一般女子，她自然要有些独到之处。这可全要靠真工夫，因为现代人不是那么容易被折服。比如品位出众。她不见得有多么美丽，可看上去总是妥帖养眼。她不随潮流而动，但凡事都有自己的品味主张。当然，在特别的时候，她也会小小地放肆一次，让你大跌眼镜。比如博闻广识。你会惊讶于她的好记忆。某年某月的某一天,她准确地描述出你们初见的情景,是不是让你惊喜之余又大为感动?可是千万别以为她对你情有独钟,那不过是她的拿手好戏。她总是可以毫不费力地过目不忘,吸取新养分更是她的本能之一。总之,才气女人就要有别于一般女子,就要有些独到之处。才气是女人生命中的亮点。不管是对自己还是对他人而言,展现才气,都是人生的一大乐事。

一个人的才气是很难得的,才气与受教育的程度有很大的关系。到了近现代和当代,女人受教育的机会多了,才女也大量涌现。无论是文学、艺术或科学,各个领域都有大量的才女涌现。闻名世界的文学家勃朗特三姐妹中你最难以忘怀的是谁呢?相信有很多人会选择勃朗特·夏洛蒂吧。她能把自己的感情融化在文字中,让《简·爱》诞生并使其成为世界经典的文学名著。这样的独特才气,怎能不具有魅力?还有红极世界的《飘》,那些细腻的细节描写,那样含蓄的心灵感悟,那样清新的语句,那样唯美的爱情,不都在散发着天才作家玛格丽特的魅力吗?法国籍波兰科学家居里夫人自然没有西施之容,但她研究放射性现象,发明镭和钋两种放射性元素,一生两度荣获诺贝尔大奖。因此,居里夫人的大名深入到许多有志者的内心世界中,从而成为他们在奋斗路上的一面飘扬的旗帜!美貌随着时间流逝而递减,智慧却随着时间流逝而递增。才气女人,浑身流溢的书卷味、一颦一笑都会透出优雅的仪态。即使她们衣着朴素、素面朝天,但无论走在哪里都会被人一眼看到,会格外引人注目。

3

书香是最有价值的“化妆品”

书籍是女人的营养品。女人的生活里如果没有书籍，就好像没有阳光；女人的智慧里如果没有书籍，就好像鸟儿没有翅膀。读书是女人的立身之本。读书的女人是知性的，她们充满智慧与热情。她们勤于思考，冷静而理智。她们能在纷繁复杂的无序中理出头绪，抓住问题的症结，找出解决问题的方法。读书的女子，通常被冠以兰心蕙质之说。书让女人通达、宽容、博学、独立、多思和智慧。读书，能遮掩女人外在很多的缺陷。说出来的话、写出来的文章、做出来的事，都可以让人刮目相看。渐渐地忘记她的身材她的脸，默读她的才情、风韵和智慧。她是一道不事张扬的风景，永远都让人回味的风景线。

曾国藩曾对儿子曾纪泽说：人之气质，由于天生，本难改变，唯读书可以变换气质，古之精相法者，并言读书可以变换骨相。由此可见，读书不是只能获取知识，还可以提升人的精神境界。经常读书，日积月累就会使人脱离低级趣味，养成高雅、脱俗的气质。清代学者梁章钜说：人无书气，即为粗俗气，市井气，而不可列于士大夫之林。读书与否，读书多少，所表现出的内在气质与素质是绝对不相同的。宋人黄山谷曾说：人不读书，则尘俗生其间，照镜面目可憎，对人语言无味。这不是说，读书多了，便会成美女俊男。而是说不读书，即使是美女俊男，与他交谈，眼前的俊美，也变得风韵全失，索然无味，辜负了一张好脸，并且面目可憎。可见，读书是一种精神的跋涉，能造就一种文气。文气是靠平时读书滋润。一个人的心灵若能得到知识的浸润，就会生出许多灵气和风彩。在人生的道路上，由于偶然的机遇或出于必然的选择，人们踏上了不同的人生旅程。有时，一本书能够影响到一个人的整个人生。

据说《天路历程》的作者、英国作家班扬平生只熟读一本书——《圣经》。而正是这本书影响了他一生的文学创作。《天路历程》是17世纪英国文学史上的重要作品之一，它以寓言的形式反映了英国王朝复辟时期的社会情况，讽刺贵族阶级的荒淫和贪婪，同时也宣扬了作者的清教徒信仰，由此可见《圣经》对他的影响之大。

法国当代著名作家和戏剧家弗朗索瓦·萨冈，曾满怀感激之情地回顾加缪的《反抗的人》一书对她的影响。在14岁时，萨冈亲眼目睹了一个与自己年龄相仿的小女孩的夭亡，她无法原谅上帝竟允许这件事的发生，因而不再信仰上帝，陷入可怕的精神危机之中。恰在这时，她读到了加缪的《反抗的人》，由此发现了一个新的精神世界：尽管没有上帝了，但是还有"人"，你不用信仰上帝，却必须信仰你自己，相信人类的天性，相信人类能够主宰自己的命运。她热切地走进这个崭新的精神世界，重新建立起自己的信仰。她由此意识到文学的神圣意义与崇高使命，并在日后坚定地选择了文学创作之路，决心以此帮助那些在人生之旅中迷惘、焦虑的人们，帮助他们飞越精神的荒原与樊篱。古今中外这样的故事还有很多。

当代许多成功女性在回顾自己的成长道路时，也常常将人生一些最真诚、最辉煌的瞬间与一本或几本好书联结在一起。一本好书能够给予一个人最初的人生启蒙，甚至终生的影响，这有多么神奇！海伦·凯勒曾说过，"一本好书就像一艘船带领着我们从狭隘的地方驶向生活的无限广阔的海洋"。爱读书的人无论走到哪里都是一道独特的美丽风景，即使他貌不惊人，但优雅的谈吐、脱俗的气质，也依然让人们的目光无法从他身上转移开来。而爱读书的女人无论何时何地更是会给人一种与众不同的感觉。读书的女人，她们以聪慧的心，以宽广质朴的爱，善解人意的修养，将美丽写在心灵。读书，使她们更潇洒；读书，为她们添风韵。即使不施脂粉，也显得神采奕奕、风度翩翩。读书的女人，在生活中从来不会引领时尚新新一族，她们幽静美丽的生命，在琴棋书画中绽放光华。读书的女人，举手投足间自有一种韵味和风华。美丽的女人会衰老，读书的女人不会衰老。读书让女人以内养外，滋润养颜。因为读书，她们无论走到哪里都是一道亮丽的风景。是气质，是修养，是浑身流溢的书卷气，使她们显得与众不同。她们可能貌不惊人，但她有一股内在的气质：优雅的谈吐超凡脱俗；清丽的仪态无需修饰。这是静的凝重，动的优雅；那是坐的端庄，行的洒脱；是天然的质朴与含蓄的混合。她们像水样的柔软，似风样的迷人，如花样的绚丽。

吴敏来自台湾，定居在上海已经10多年了。她快人快语，风风火火，热情洋溢，聪明干练。虽已人到中年，但仍能看出年轻时的她肯定是个非常漂亮的女孩。从到上海至今，她一直做餐馆，先在东部给人做，后来自己开业当老板。10年来风风雨雨，不管多苦多累，她总是欢欢喜喜，乐在其中，把餐馆打理得干净条理、舒适温馨。她的餐馆坐落在一个繁忙的购物中心，同时又有不少办公室集聚在此。由于她对人热情爽朗，饭菜做得又好又快，价格又十分合理，所以来就餐的人越来越多。许多人成了她的长期食客，也成了她的好朋友，她说是占了风水之利。正说着，一位在附近工作的美国老人来送请帖，邀请她参加他们的周末家庭聚会。其实，这类邀请他们已收到过多次，来这里就餐的美国人都喜欢吴敏。同她在一起，美国人常常被她的乐观和豁达所感染，这也许是他们愿意到她那里吃饭，愿意与她交往的原因吧。

吴敏在北京读大学时学的是经济，平时没什么嗜好，最喜欢阅读文学作品。但与众不同的是，她不喜欢琼瑶的小说，说商业化太重，而且只是赚人眼泪，读完也就完了，没有什么收获。她也不怎么爱看武侠书，认为无非打打杀杀，情节太离奇。她喜欢茅盾、老舍、鲁迅等大师的作品，老舍的精品几乎全部都读过，而且记忆犹新。每天午夜12点从餐馆回到家中，她会让自己在一天的劳累中放松下来，读一阵报纸、杂志，最后拿起自己喜欢的书籍静静阅读。她不喜欢看电视，不喜欢有噪音打扰，就在万籁俱寂的灯光下，伴着她喂养的两只可爱的小白鼠，一口气读到凌晨两三点钟。第二天早晨六点起床，七点半进餐馆，照样神采奕奕里外忙活，做好准备迎接中午的食客上门。她的读书生活如此丰富，读书品味如此高雅，长期的餐馆工作并没有磨蚀掉她对文学的爱好，在当今这个逐步商业化的社会里，不能不说是个奇迹。

诗人歌德说过："读一本好书就是和许多高尚的人谈话。"书籍的熏陶是女人宛如山谷中的百合花，吸收着天地之间的精华，开出洁白动人的花，散发出诱人的清香。常伴书香的女人显得更加端庄、高雅、自信、大方；常伴书香的女人就像澄清蔚蓝的天空、自在舒展的云朵一样透明不做作，温柔而不软弱。女人有好书相伴，便拥有一颗属于自己的心灵，拥有丰富的情感体验，不再畏惧年龄，不会因额头上几条皱纹而苦恼。所以说，优雅的女人知道自己卓尔不凡的气质来自阅读。女人在阅读中增加智慧，穿越岁月的洗礼，永远不老。

4

多看书多思考，活到老学到老

对于现代女性来说，读书学习应该是一件快乐的事。多看书多思考才能做一个有想法有气质的女人。在人类跨向知识经济时代的今天，知识对每个人的重要性越来越突出，现在不再是“活到老，学到老”，而是“学到老，才能活到老”。所以，聪明的女人会学习、学习、再学习，准备得充分一些、再充分一些，这样才能不断提高自身素质，抓住机遇，走向成功。

人生就是一个不断学习的过程，终身学习将成为事实。学问是没有止境的，只有不断地学习，才会不断进步。学习有着极重要的意义。因为知识一日千里，更新速度非常快。当你停止学习后，自己的知识水平便落后了。俗话说：“无知识的热忱犹如在黑暗中远征。”女人需要不断学习，通过学习，才能增强自己的生活技能。通过学习，才能学会为人处世的态度，加强思考的能力。

《论语》上说：“学而时习之，不亦说乎？”可见学习是人生最大的快乐，学习也是不分老幼的。一个想要获得成功的人，不但要志在高远、脚踏实地，更重要的是，他要懂得持续不断地学习。今天的时代是知识爆炸的时代，知识总量成几何速度增加，大量信息扑面而来。有研究表明，19 世纪人类知识每 50 年翻一番，而 20 世纪 80 年代每 3 年翻一番，那么 21 世纪呢？两年不学习，我们的知识就跟不上时代的要求了，几个月不学习，我们就会大大落后于别人。因此，学习从来没有像现在这样显得紧迫而又艰巨。

“全球第一女CEO”、惠普公司董事长兼首席执行官卡莉·费奥莉纳女士从秘书工作开始职业生涯，她是如何提升自我价值，一步步走向成功，并最终从男性主宰的权力世界中脱颖而出的呢？答案就是不断在工作中学习。

卡莉·费奥莉纳学过法律，也学过历史和哲学，但这些都不是她最终成为CEO的必要条件。卡莉·费奥莉纳并非技术出身，在惠普这样一家以技术创新而领先的公司，她只有通过自己的不断学习才能达到。她说：“不断学习是一个CEO成功的最基本要素。这里说的不断学习，是在工作中不断总结过去的经验，不断适应新的环境和新的变化，不断体会更好的工作方法和效率。我在刚开始的时候，也做过一些不起眼的工作，但我还是从自己的兴趣出发，找最合适的岗位。因为，只有我的工作与我的兴趣相吻合，我才能最大限度地在工作中学习新的知识和经验。在惠普，不只是我需要在工作中不断学习，整个惠普都有鼓励员工学习的机制，每过一段时间，大家就会坐在一起，相互交流，了解对方和整个公司的动态，了解业界新的动向。这些小事情，是能保证大家步伐紧跟时代、在工作中不断自我更新的好办法。很少有人能够具备与生俱来的领导能力，真正成功的领导者肯定是在工作中不断积累经验、不断学习而逐步成功的。”

一个愿意通过学习来提升自己能力的人，最终会获得职位上的升迁和事业上的成功。学习是不断提高自己的阶梯。学习的目的不是为了追求高学历，而是不断提高自己的专业能力。作为一个现代女性，无论是在求学的时代，还是已经踏入社会，学习将始终伴随她们一生。可是，在现实生活之中，举目看去，这样的情况俯拾皆是：对于许多已经工作了的女性来说，自从走上工作岗位，便很难再有学习的时光和热情了。甚至很多大学的老师，即便她们处在教育的大环境下，除了教课之外，也没有多少时间用在学习新知识之中了。难道当真是大学一毕业，学习生涯就此结束了吗？其实不然。中国古代先哲孔子有一句话，叫做“学然后知不足”。通过学习，我们会拓宽思路、增长知识，然而我们同时也会发现，自己不足的地方实在太多了，这也不懂，那也不懂。甚至常常会怀疑自己到底有没有这个能力、精力，把不足的地方补上。在我们身边，就常常有这样的例子，她们在这个关节点上浅尝辄止，最终半途而废。学然后知不足，知不足后应该发愤图强，循序渐进，持之以恒，直至弄懂为止。学然后知不足，已经是进步的一半，只要我们继续努力，弥补不足之处，就能取得更大的进步，这才是聪明的女性。

因此，不懈怠的学习才是百战百胜的利器，只有坚持学习的女性才是聪明而有远见的女性。所以积极主动地学习尤为重要。在这方面，你需要做到以下几点：

第一，在工作中学习。

女性要想在当今竞争激烈的商业环境中胜出，就必须学习从工作中吸取经验。通过在工作中不断学习，你可以避免因无知滋生出自满，损及你的职业生涯。不论是在职业生涯的哪个阶段，学习的脚步都不能稍有停歇，要把工作视为学习的殿堂。

第二，主动给自己充电。

在公司不能满足自己的培训要求时，也不要闲下来，因为女性清楚自己的弱点，你可以自掏腰包接受“再教育”。当然首选应是与工作密切相关的科目，其他还可以考虑一些热门的项目或自己感兴趣的科目，这类培训更多意义上被当作一种“补品”，在以后的职场中会增加你的“分量”。

5

做一个有思想的知识女性

随着社会的不断进步，人们的受教育程度越来越高，在我们身边正越来越多地聚集着一个崭新的亮丽群体——知识女性。她们丰厚的学识、高雅的气质、独特的风采正吸引着人们的注视。知识女性怎样才能拥有思想？就是要不断地加强学习，博览群书。所以，做女人就是要做一个有思想的女人。因为有思想，就有能力；因为有思想，就有气质；因为有思想，就有魅力；因为有思想，就永远美丽。有思想的女人即便是老了，她身上照样散发着那种特有的气质，照样会给生活带来浪漫、带来快乐、带来幸福。女人要学会培养自己的思想，并不断提高自身的学识。一个女人，拥有了美貌，会添加更多的自信，人生路走起来更顺畅。一个女人若拥有了学识，就是为她所憧憬的目标的实现奠定了基石。女人的味道，不仅仅是因为外表，更是因为内在的修养，这样的味道是一种不言而喻的美。女人就像是一坛酒，芳香醇正，醉人心脾。而有学识的女人，仿佛是把这酒醇了又醇，酿了又酿，有一种独特的神秘感，引人注目。学识，不仅仅是饱览诗书，通晓琴棋书画，更主要的是一种内在的气质，是一种内涵，是一种聪明的展示，是处世的灵活机巧，是丰富经验的积累，是面面俱到的思考。这种深情，这种语言，如诗如画的意境，只可意会，不可言传。有学识的女人往往学业优秀，才华出众，谈吐不凡，举止高雅，学识与优雅兼具，让男人由衷地钦佩和赞赏。思想不够深刻、学识不够丰富的女人算不上真正有内涵的女人。一般情况下，思想厚重、学识丰富，集善良、平和、浪漫、温柔、能干于一身的女人，往往是美丽的精灵、勤劳的楷模、智慧的化身。这样的女人才是众人眼里的漂亮女人。

美国当代作家桑塔格1933年出生在纽约一个富裕的犹太家庭。在纽约，桑塔格开始了她的写作生涯。1963年，发表了第一部长篇小说《恩主》，小说以梦为中心，描写"我"——希波赖特——一个法国大学生做梦、析梦并按照梦的导引去生活。梦的非现实性质导致了一种漂浮感。《恩主》赢来了赞誉与妒忌。同时，她给当时颇有影响的文艺评论杂志《党派评论》撰写文章。《关于坎普的札记》一文使她一夜成名。这篇随笔与其他几篇这个时期的文艺评论后来被收入标题为《反对阐释》的文集，成为桑塔格最重要的著作。1977年，出版了对新闻摄影的思考《关于摄影》；1978年，她总结自己罹患乳腺癌的经历，发表了《疾病的隐喻》；1989年她又写成了《艾滋病与它的隐喻》；1992年出版了《火山情人》；2003年发表小说《在美国》，获得美国国家图书奖。这些作品在国内大多有了中译本，掀起一股中国桑塔格的阅读热。

桑塔格有着良好的艺术禀赋，她从小就做作家梦，7岁动笔写作。她在伯克利大学就读，后转入芝加哥大学，1951年毕业，又于1954年和1955年在哈佛大学分别获得文学和哲学硕士学位，随即远赴欧洲，继续攻读哲学。在二战后法国哲学思潮和文艺思潮的双重影响下，桑塔格逐渐形成了自己的美学观，并在一系列论著中系统地阐述了自己的存在主义文学观。苏珊·桑塔格1993年当选为美国文学艺术学院院士。她是美国声名卓著的"新知识分子"，和西蒙·波伏娃、汉娜·阿伦特被并称为西方当代最重要的女知识分子，被誉为"美国公众的良心"。

有思想的女性是一群自信的女性。她们彰显个性风采，却不过于张扬，她们相信自己的学识和认知能力，坚信自己的理想和抱负，懂得不断地学习和追求新的知识，让自己不断进步。有思想的女性是客观公正的女性，她们不趋众，永远保持着冷静的头脑和处世态度。有思想的女性能够包容别人，尊重他人的选择，不会把自己的价值观、人生观和世界观强加到别人的身上。有思想的女性，眼睛里透露着知性，一种锐利，一种灵气，让所有的人为之动容，并且这一切还会随着时间而不断深化。没有思想的女性，纵使千娇百媚，也不过是一瞬间的光辉。

有思想的女性是客观公正的女性，她们有知识有文化，了解社会的动态和知识走向，在纷繁复杂的社会圈子里，她们绝不轻易问人什么是对、什么是错。她们拥有自己的一套处世哲学，区别于那些穿梭于钢筋水泥构架城市里的女人，和那些歌舞场浓妆艳抹的女人更是截然不同。她们注重仪表，但不妖冶；她们注重礼貌，但不过分亲热；她们注重情感，但不任人唯亲。做人处世永远都以事实说话，人不可能不遇事情，遇到事情如何面对，可以看出一个人的能力和素养。一事当前，是最能展示一个人魅力的时候。在很多情况下，有很多男人遇到困难都会一筹莫展，焦躁不安，甚至垂头丧气，一蹶不振。所以，一个女人如果遇到这样的问题，能够勇敢面对，敢于承担，并想方设法进行冷静地解决和处理，那无疑是很让男人佩服的一件事。女人如此，便是极大的人格魅力。

一个有思想的女人，无聊的时候，喜欢与书作伴，不断地从知识的海洋中吸取绵绵不断的知识！提高自身素质的同时，也充实了生活，更增加了为人处世的智慧！不会人云亦云，而是对任何事物都有自己独到的见解，还能透过事物的表面去洞察更深层的真理！这样的女人，从小就是在生活的磨砺中成长起来的，她比那些娇生惯养的女人，更懂得珍惜生活，更懂得怎样才能守护好属于自己的幸福！

6

有梦想的女人青春常在

有一位哲人说过一句话:“一个女人可以没有美好的生活,但万万不能没有美好的梦想。”梦想,是黑夜里的一豆烛光、一盏昏灯、一弯新月;梦想,是岁月里的一缕清风、一滴露珠、一丝细雨;梦想是轻盈的雨蝶,是放飞的风筝,是飘扬的柳絮,是漫天的飞雪;梦想是飘逸的长发,是摇曳的裙裾,是曼妙的舞姿,是张扬的灵魂。有梦想的女人最美丽。

人生想要实现的终极目标就叫做梦想。换句话讲,梦想也是“我想成为的人”的具体蓝图。那些有梦想的女人,虽然表面上看不出来,但却有着让自己变得与众不同的力量。人们容易把拥有梦想和现实主义当作相互冲突的东西,实际上,梦想与现实的关系非常密切,只有以现实为依靠,我们才不会放弃这个梦想,也只有拥有了梦想,才能让现实生活变得有弹性和活力。如果期待美好的生活,那就立刻在心里画出自己想要的未来,梦想并不是毫无意义的抽象东西。

惠心因为家境困难而不得不休学在百货商场打工,比起每天站到双脚浮肿,更让她难过的是得不到别人的尊重。商场销售员也分等级,厂家派来的职员或商场的正式员工,从外表上看显得干净利落,而且在商场内的待遇也不一样。像惠心这种临时雇员,无论在哪里都会受到不公平的待遇。惠心最感到羞辱的是,一整天几乎都不露脸的男主管,只要一到早会时间就会开始念一堆令人厌烦的内容。“有人读过康拉德的《不能承受的生命之轻》吗？我想应该没有。里面说……”

每天早会的时候，惠心都想对这个轻视女职员的男人大喊：“不是康拉德，是昆德拉！你这个无知的人！”但是，她忍住了。每当这时，惠心就告诉自己，我绝不是应该享受这种待遇的人，于是就在脑海中描绘出自己的未来。主攻经营学的她，想成为市场营销的专家，有着从营销人员晋升到CEO的华丽梦想。

不久后，她就拿着自己积攒的钱重返校园，为了学业结束了打工生涯。此后，惠心经历了就业困难的时期和辛苦的公司生活，但是，她一刻也没有忘记自己在商场里就已经确立的梦想。如她所愿，惠心在市场营销领域崭露头角，几年后即被一家大企业选中。成为商场事业部经理的惠心，在视察卖场时遇到了那个故意轻视年轻女职员的男主管。显然，他没有认出惠心，当时的她不过是众多销售员中的一个，但是她却清楚地记得他的样子。面对公司总部派来的惠心，他怀着敬重的心态对待她。

梦想，是我们每一个人生活的动力。梦想，是一个人前进的方向。梦想，会使人不断努力，锲而不舍。每个人都有自己的梦想。梦想，可以帮我们把人生的路照亮；梦想，可以让我们不断进步，不断努力；梦想，可以让我们有目标，有追求……真正有梦想的人，会努力去追求，直到达到目的。只要有梦想，只要朝着这个梦想去奋斗，就没有做不成的事情。人世间大抵有三类人：一类压根就没有梦想；另一类有梦想却不愿意带着梦想前进；还有一类人不仅有梦想而且带着梦想前进。第一类人往往碌碌无为，第二类人则时常懊悔，第三类人即使不能大放异彩，彪炳史册，也能很快乐地生活。

1983年的一天，在美国亚利桑那州的一家医院，一个女婴呱呱坠地，令人惊异的是，女婴一出生就没有双臂。

在父母的关爱下，女婴一天天地长大，成为一个可爱的小女孩。

那天，站在阳台上的女孩，看到与自己同龄的一群孩子正张开天使般的双手，在阳光下欢快地奔跑着追逐翩翩起舞的蝴蝶，女孩十分伤心地向母亲哭诉："为什么命运如此不公，竟然不给予我拥抱梦想的双臂？"

母亲平静地安慰她："孩子，上帝这是要送给你更多的梦想，他是要让你用行动告诉世人——即使没有翅膀，也依然可以高高地飞翔。"

"我真的能做到那些吗？"女孩仰起头来。

"只要你肯努力，就能做得到，只要你的梦想没有折断翅膀，你就一定能飞得很高很高。"母亲的目光里充满了不容置疑的坚定。

女孩相信了慈爱的母亲的话，目光一遍遍地抚摸着自己那双看似普通的脚，心中暗暗地告诉自己：我有一双非凡的脚，不只是用来奔走的，还是用来飞翔的。

此后，在父母的指导、帮助下，女孩开始有计划地锻炼自己双脚的柔韧性、灵活度和力量。怀揣梦想的她，克服了人们难以想象的困难，尝过了谁都无法数清的失败，终于在人们惊讶中，练出了一双异常自由灵活的脚——她不仅可以用双脚吃饭、穿衣，轻松地实现生活的自理，还学会了用脚弹琴、写字、操作电脑……

她用双脚做到了几乎是常人所能做到的一切。

女孩在继续着创造奇迹的脚步，她读书刻苦，作业写得总是一丝不苟，从小学到中学，她的学习成绩始终名列前茅，老师和同学们都十分敬佩她的坚毅和自强。当她拿到亚利桑那大学的心理学专业的学士学位证书时，一家人幸福地拥抱在一起。父亲自豪地鼓励她："孩子，你还可以做得更棒！"

"是的，我还可以做得更棒！"女孩自信地笑着。

为了增强腿部肌肉的力量，保持腿部的灵活性与韧性，女孩不仅坚持经常性的跑步，还成为碧波荡漾的泳池里的一条自由穿梭的美人鱼，还成了一家跆拳道馆里小有名气的高手……一位医生曾指着给她拍的X光照片，惊奇地喟叹："经过锻炼，她的双脚已变得异常敏捷，她的脚趾关节已像手指关节一样灵活自如。"

女孩的梦想还在不停地放飞着，她又走进了汽车驾驶学校。在教练员的关注中，她很快便掌握了驾车的各项技术，通过了近乎苛刻的各项考试，顺利地拿到了驾照，开始用双脚娴熟地驾车御风而行……

接下来，女孩要去圆自己心中埋藏已久的梦想了——她要亲自驾驶飞机，拥抱苍穹。

25岁的她如愿地拿到了轻型运动飞机的私人驾照，成为美国历史上第一个只用双脚驾驶飞机的合法飞行员，开创了飞行史的先例。女孩的名字叫杰西卡·考克斯。

在美国数百场的演讲中，杰西卡·考克斯说得最多的一句话是："你的梦想有多高，你就可能飞多高。"即使你生来就没有翅膀，但你依然可以高高地飞翔，因为你心中有永不跌落的梦想，会为你生出自由翱翔的双翅，会给你传递无穷的力量，会帮助你创造无法想象的奇迹。梦想是人飞向天堂的翅膀，一个好的梦想，是飞翔的关键，而这个关键就要从小培养。培养一个好的梦想，并为之去奋斗，不屈不挠，勇敢拼搏。但梦想一定要单一，因为这样才能看准一点而努力。要是梦想多样化了，你不但会一事无成，而且还会虚度这美好的年华，并为之后悔一生。请不要怕实现不了梦想，因为只要为自己的梦想付出了努力，就会得到相应的回报。

梦想的力量真是不可思议。梦想会给我们力量。带着梦想前进，人生之旅才更富勇气。坚持梦想，最重要的是自信。信心是人生成功的真正基础，这个基础打得牢，就能帮助我们实现梦想。

第八章

柔情似水，楚楚动人：温柔是女性的伟大力量

温柔是上天赐予女人的奇世瑰宝，是女性诱人的魅力，是一种征服他人的巨大力量。女性的美，美在似水柔情。做一个温柔的女人，并不是要你去改变自己的本性，而是学着变得温柔，这是女人特有的魅力。一个女人能够温其容柔其声，关怀体贴别人，才能使别人感动。温柔可爱，才会给人一个温馨可爱的世界。

1

温柔是女人骨子里透出的气质

女性独具的气质特征，是温柔、可爱、可亲。气质一旦形成，就从人的“骨子里”冒出来。待人接物、工作学习、友人团聚乃至闺房中的窃窃私语，无不表现出气质的力量。具备这种气质的女性，有人称之为有十足女人味的女性。铁娘子撒切尔夫人说过这样一句名言：女人一生所犯的最大的错误，就是忘记了自己是女人。造物主为了和谐美的原则创造了男女，它赋予男性阳刚之美，又赋予了女性阴柔之美。阴柔之美是女性最基本的特征，其核心是温柔。温柔得像和风细雨，像舒卷的云，像皎洁的月，更像清澈的水。女性的美，就美在似水柔情。用“水”来形容女性的柔美，一语道破了其中的神韵。小说《红楼梦》中的贾宝玉说“女人是水做的骨肉”，所以男人见了便觉得清爽。他把大观园里的女孩子都看成长相如水一样的清澈，照人心目；一个个显得那样的高洁纯真，温柔可人。女人的魅力之处，就在于柔情似水。

有这样一个故事：有一天上午，女主人独自在家，当听到门铃声后打开门时，眼前的一幕让她愣住了，一位彪形大汉手拿一把菜刀凶神恶煞地站在门口，女主人见此情形，很快就镇定了，面带微笑温和地说道：“哟！您卖刀啊！请进吧。”进屋后，女主人请他坐下，又热情地为他倒茶，这一意外之举令本想来打劫的大汉不知所措，接着女主人又坐下来温和地与大汉谈论刀，还不时地讨价还价。整个过程，女主人始终用一种亲切的语气和这位男子说话，一切都显得如此亲切与从容。男子紧张的心情慢慢平静下来，心中本要抢劫的念头渐渐消散了，借机把刀卖给这位女主人，就赶快跑掉了。

温柔的魅力竟是如此神奇，着实让人意想不到，但女主人的确凭着那温和而亲切的态度打动了一个本打算打劫的男子，让他迷途知返。在男人的生命中，温柔的女人就像一座故园的小屋，总在无声地等待着灵魂的回归；是一片浩瀚沙漠中小小的绿洲，在你艰难跋涉的旅途上送来心灵的慰藉；是茫茫黑夜中一颗闪亮的星星，在你迷茫的时候指引前进的方向。作家哈代曾为自己心目中最美丽的女人下过一个定义："她是一位多么温柔可爱的女人。"可见，对于女人而言，温柔是她魅力的标志。女人的柔情似水对于男人来说，是一种迷人的美丽，也是一种可以被征服的力量。世上绝少有男人喜欢野蛮、粗俗的女人。电视剧《万水千山总是情》的主题曲中那一句"柔情似水爱共永"，相信都曾经在我们的心中久久地荡漾过，给我们带来过很多美好的遐想。作为女人，可以潇洒、聪慧、干练、足智多谋、文采飞扬，但有一点不能少——温柔。一个女人如果失去了温柔，变得粗俗蛮横，飞扬跋扈，如同母老虎一样叫人畏惧，这样就与可爱无缘了。女人失去了温柔，也就失去了女人味。

温柔是女人特有的武器，温柔有着令人难以抗拒的力量。尤其是处于保守的东方社会，男人所期望的女人仍然应该是富有母爱、温柔的女性，如果一位女性太过严肃，则更多地给人以冷漠、严厉的感觉，甚至会得到"不像个女人"的评价。观察你身边的女人，你会发现讨人喜欢、人缘好的往往不是那些"冷面美人"，而是那些面相随和温柔的女性。温柔是一种境界，它能折射出一个人的兴趣情调、品质修养。女性的温柔是民族遗风、文化修养、性格培养三者共同凝练所致。一个女人，善于在纷繁琐事忙忙碌碌中温柔，善于在轻松自由欢乐幸福中温柔，善于在柳暗花明时温柔，善于在关切和疼爱中温柔，善于在负担和创造中温柔，更善于填补温柔、置换温柔，这是走向成功的不可轻视的艺术。做一个温柔的女人，并不是要你去改变自己的本性，而是学着变温柔，这是女人特有的魅力。所谓的温柔并不是整天柔柔弱弱，而是在必要的时候显示女性的魅力。一个女人如果善用温柔，生活一定是美满而幸福的，即使有很多不愉快，也能够因此而化解。当你用温柔来营造祥和平静的气氛时，这才是成熟而充满知性的女性。温柔并不是为了讨好男人，而是对自己、对生活都持有一种圆润平和的态度。

2

温柔娇羞，最能俘获男人心

在世上所有的色彩中，女人的温柔娇羞是最美的。女人的温柔娇羞，是一种感情信号，常常是一种动情的外部表现，是被陌生环境、场面所触发的紧张情绪和被异性拨动了心弦的反应。有诗曰："姑娘，你那娇羞的脸使我动心，那两片绯红的云显示了你爱我的纯真。"可见，一张温柔娇羞的脸，便是一首优美的诗。

温柔娇羞是女性美中固有的气质，也是东方女性深沉含蓄的特征。温柔的女子是何等柔情，她爱自己，更爱他人。她是春天的雨水，润物细无声；她是秋天的和风，轻拂你的脸庞。她以女性的特有情怀，放开胸襟去拥抱整个世界。温柔不单是女性的娇憨和妩媚，还有母性的善良、关切、慈祥。女人最能打动人的就是温柔，不是矫揉造作，像一只纤纤玉手，知冷知热，知轻知重，理解男人的思想，体察男人的苦乐，只轻轻一抚摸，就给男人疲惫的心灵以妥帖的抚慰。温柔娇羞像丽日下深藏在碧荷中的莲花，纯情地发出柔光。温柔娇羞以不泯的童贞为基础，是一种单纯、天真的流露。温柔娇羞是善良诚实人格的真实反映。好女人不能缺少温柔，温柔是女人最美丽的衣裳，女人穿上它会给人一种舒心和谐的美感。

古人云：英雄难过美人关，并不是因为女人的美丽打动了男人，而是女人的温柔征服了男人。所以，女人不一定要美丽，只要她柔情似水，不咄咄逼人，那么她在男人眼里就永远是最美的！男人有时在外面工作得很累，女人用温柔可以化解他们的压力，让他们在心理上获得放松，有时一个温柔爱怜的眼神会胜过平淡的千言万语。所以，只有懂得温柔的女人才是最聪明的，她们知道怎样去爱男人，也知道怎样才能让男人更爱自己。历史上最温柔的女人当属虞姬。相传，霸王汗毛如针，虞姬粉嫩的肌肤如棉，而且她的温柔和美貌征服了一代英雄楚霸王，使霸王始终如一地爱她。

温柔无疑是女人最重要的魅力之一。但嗲声嗲气，细声细语，并不是真正的完全的温柔。真正的温柔是那种不仅让男人心底放松，而且让同为女性的朋友也感觉相处之中是柔软的。

男人总是把温柔列为女性美之首。温柔是上天赐予女人的奇世瑰宝，是女性诱人的魅力，是一种征服他人的巨大力量。温柔是女人最动人的特征之一。她可能不是都市的白领，她的学历也可能不是那么高，她的厨艺也许不怎么好，她的细手也许很笨拙，她的长相也许挺一般，总之她绝对不能算得上是一个十全十美的俏佳人，但她却很温柔，说起话来“柔声细语”，这足以让男人顷刻间为之陶醉。温柔的女人，是微笑的天使。温柔的女人，总是微笑着去唱生活的歌谣，从不抱怨生活给予的磨难。把每一次的失败都归结为一次尝试，不去自卑；把每一次的成功都想象成一种幸运，不去自傲。去接受幸福，去品味孤独，去沐浴忧伤。她们用微笑的力量，去关照周围，去感化周围，去影响周围。她们的微笑，像一把神奇的钥匙，可以打开心灵的迷宫；她们的微笑，似一缕温柔的暖风，可以化解情感隔膜的冰霜。她们的脸上始终带着一片不落的灿烂微笑。

温柔娇羞，是人类文明进步的产物。任何动物，包括最接近人类的猩猩，是绝对不会害羞的，自然也就没有温柔娇羞。温柔娇羞是人类最天然、最纯真的感情现象，它是一种感到难为情、不好意思的心理活动，它往往伴随着甜蜜的惊慌、异常的心跳，外在的表现就是态度不自然，脸上荡漾起红晕。女人脸上的红晕，就是青春温柔娇羞的花朵。女人温柔娇羞是一种美，是一种特有的魅力。

温柔娇羞是女性独具的特色，是特有的风韵和美色。温柔娇羞朦胧，魅力无穷。康德说："羞怯是大自然的某种秘密，用来抑制放纵的欲望；它顺其自然的召唤，但永远同善、德和谐一致。"伯拉克西特列斯的雕塑名作《克尼德的阿佛罗狄忒》和《梅底奇的阿佛罗狄忒》，都是反映女性温柔娇羞美的。温柔娇羞之色犹如披在女性身上的神秘轻纱，增加了她们的迷离朦胧。这是一种含蓄的美，是一种柔情的蕴藉。

3 善解人意是女人灵魂的一抹亮色

男人喜欢什么样的女人，这也许是女人们私下里最热衷的话题之一。一般女人认为，男人们喜欢的女人应该是漂亮、洁净、温柔、贤惠。但是，在男人心中最渴望的是那种善解人意的女人。善解人意的女人是最精彩的女人，她能让每个男人对她痴迷，在这个诱惑力极强的社会里，由于她的温暖和风情，再花心的男人也会对这种精彩女人忠诚，并把自己的一切交给女人，任凭女人处置。女人们！为了自己的幸福，请做个善解人意的女人吧！假如上天没给你漂亮的容颜，那你就要有气质；假如你没有气质，那你就要有温柔；假如你不温柔，你就得善解人意。最让男人放不下的是很懂男人的女人，没有哪个男人能抵挡得住女人的善解人意。

女人的善解人意，会让男人活得轻松，越成熟越成功的男人越会对这样的女人有一种生活上的依赖和依恋。如果女人称男人是一座大山可以依靠，那么男人更希望女人是一片静静的港湾，可以让男人停靠。而善解人意的女人就是这样的一个好女人，她聪明、柔美、清秀、妩媚、有深度、善解人意、体贴自己心爱的人。很多女孩儿不理解：为什么天仙美女一样的自己还会遭到男友的抛弃？不是说男人好色吗？为什么很多男人"美色"当前，却宁愿选择平凡女子？这不难理解：虽然男人好色，但也不仅仅只是好"色"。男人看女人，第一眼注意到的当然是对方的相貌，然而，真正能把他的心拴住的却未必是美女。真正能让男人倾心的永远是那些能够和他站在同一片精神领地的女人。碰上善解人意的女人，才是一世的舒心。

有一对中年夫妇，丈夫在一次偶然的机会中发现妻子眼角的"鱼尾纹"增多了。丈夫在枕边爱抚着妻子，十分内疚地对妻子说："我对你的关心太少了。你为家庭和孩子操劳过度，我对不起你。从今往后我要做三件事，洗衣服我包干，菜篮子我包干，孩子的事情我来管，让你过一个比较舒适的生活。"妻子对"多情"的丈夫流下了眼泪。长期以来，丈夫一心扑在事业上，不沾家务的边，妻子默默地承担着沉重的家务和孩子的拖累。丈夫周末喜欢跳舞，有时妻子陪他去，有时妻子先回家，对丈夫找其他女友跳舞也从不见怪。她对他的信赖，使他更增加了对她的爱。几十年夫妻生活的真情实感，使他们认识到夫妻之情的可珍可贵。丈夫每当想起妻子为他所做的一切，立刻就有一种难以言喻的柔情涌上心头。从此，妻子也更爱自己的丈夫了，他们之间又如热恋般恩爱。

在日常生活当中，善解人意就是善于察言观色，揣摩人心，“想对方之所想，急对方之所急”。善解人意的女人聪明，这是男人恋家的重要原因。善解人意的女人常常会给男人带来惊喜，她们或是改变家里的布局，或是发明一道美味佳肴，让男人感觉在家里的享受是最快乐和美好的时光，从而一辈子也不想放弃。尽管外面的风景很美丽，很精彩，但是他不会为之所动，因为他的心里有一处最美的风景——家庭，谁也无法代替。让家庭永远充满新鲜是聪明的善解人意的女人拢住男人心的法宝。善解人意的女人最明白事理，这是男人的“安定剂”。她们是男人最忠实的听众。当男人将自己工作中的困扰和成就讲给她听的时候，她不但知道怎样去用耳朵，用眼睛，用表情，用真心去听，还会在男人倾吐之后给男人建议、忠告和鼓励。所以在给男人宽心和安慰的同时让男人感受到幸福和成功。善解人意的女人有智慧，能帮助男人实现理想。美满的婚姻需要共同的理想。智慧的女人能够在婚姻刚开始的时候就帮助男人找出他生命中最渴求的东西，之后与男人制订计划，精诚合作，帮他一步步实现这一理想，最终实现男人理想中的自我。

善解人意的女人是对人生已经有了一定的领悟。她知道躺在身边的这个男人虽然是她今生今世的至亲至爱，但作为一个个体的男人，他那颗心在属于她的同时，更多地还是属于他自己；她知道，对于男人来说，外面的世界的确比家里要大得多；她还知道这个男人对她很爱恋，但男人的事业还是胜过爱情。因此，善解人意的女人无论在什么时候都不会把男人当成私有财产，要男人对自己言听计从，不会在男人忙于工作时抱怨男人不顾家，也不会要求男人时时刻刻牵挂着自己。善解人意的女人知道好的男人就像是在高空中盘旋的鹰，只有当这鹰很累了想要休息的时候，才会回到女人身边。善解人意的女人知道男人既很刚强又很脆弱，而且，有的男人把荣誉和脸皮看得比生命还重。因此，善解人意的女人知道在男人的精神世界里有哪些禁区，她总是很小心地不去跨入那些禁区。

善解人意就是要懂得相互接纳、相互合作、相互融洽。尊重他人的优势和才华，也宽容他人的脾气和个性。对别人，完全是欣赏他美好的地方，而不去计较他的缺点。不能理解的时候，就试着去谅解；不能谅解，就平静地去接受。做得到这些，才可以称得上是真正的善解人意。

4

改掉大小姐脾气，不要清高

大小姐脾气主要是指刁蛮任性，不考虑他人感受。脾气，是日常生活中常常碰到的普遍心理现象之一。不少女性脾气急躁，遇事容易冲动，特别是对一些不顺心或自己看不惯的事，常常容易生气或怄气，有时还同人家争吵，说出一些使人难堪的话，或影响同事间团结，或影响了家庭的和睦。因此，女性不要自视清高，在社交中，不能因为别人与自己脾气不同，身份有异，就显示出不耐烦或瞧不起别人的样子，当然也不要因自己的职务、地位不如人家，或长相一般、服饰不佳而过分谦卑，要落落大方，不卑不亢。

人的脾气有好有坏。脾气好的人无论到哪里，都会受到欢迎，别人喜欢同他合作、共事；脾气不好的人，则常常给自己和别人带来苦恼，使别人觉得难以与之相处。有人做过调查，发现绝大多数男女青年在选择配偶时，都把对方脾气好作为条件之一。根据经验我们也知道，在一个家庭或一个人所处的小单位里，如果有一两个脾气不好的人，常会使这个家庭或集体搞不好团结。因此，改掉坏脾气不仅是为了消除个人的苦恼，也是为了促进家庭和睦，增强集体团结。

"……我说出很难听的话，骗他说我根本就没有认真看待这份感情，只有你自己一厢情愿地以为我真的喜欢你，他听完后问我是真的吗？我还是不改倔脾气回答说是，他就没说什么，然后送我回家，他在走的时候只告诉我一句话，谢谢我陪他度过这段时间，我没理他就直接坐电梯上楼，但我回去后就马上心慌了，我后悔为什么要乱说话伤害他。从分手到今天为止我寄了很多道歉信给他，每天发短信给他，但他都没有回，我知道我是真正爱上他了，自从他不理我以后，我才知道失去爱人的痛苦，每天都以泪洗面，我真的好怕失去他，从小到大我真的太娇太幼稚了，我现在才看清楚自己的德性，我发誓一定要改掉大小姐的脾气，我打算一放暑假就要去法国找他，我真的不能失去他，真希望时光能够倒转……"——朱迪这样后悔地说道。

如果你也有这样的"大小姐脾气"，想要避免这样的情况发生在自己身上，就快点改掉你的"大小姐脾气"吧。怎样才能改掉坏脾气呢？首先，最重要的是要很好地认识坏脾气的危害。我们在社会生活中，总要同其他人进行接触和交往，希望得到别人（当然不可能是一切人）的好感、友情、赞赏、合作，否则，就会感到孤独、寂寞，没有生气，寸步难行。人的行为是受意识调节和控制的，认识了坏脾气的危害，便可从内心产生改掉坏脾气的要求。其次，要加强思想修养。只有心中经常想到别人，尊重别人的利益和需要，才会对别人温存、体贴、热爱。只有时刻把集体的利益放在第一位，才不至于意气用事，固执己见，才能遇事平心静气，三思而行。最后，对改掉坏脾气要有决心和毅力，不能今天想起来了，就谨慎一点，过了两天又依然故我。要有决心和毅力，坏脾气是一定会改掉的。

人的脾气的好与赖，与生活和工作的环境有很大关系。温顺、平和、忍耐等好脾气，往往同和睦温暖的家庭环境以及良好的教养有密切的联系；而暴躁、倔犟、怪癖、任性等坏脾气，则常常与娇生惯养、过分溺爱或得不到家庭温暖、父母的要求过于严厉有关。个人生活道路的平坦或坎坷，对人的脾气和性格也会产生重大的影响。“江山易改，禀性难移”，是说人的脾气、性格有稳定性的一面，但并不是说脾气、性格是固定不变的。大家知道有些人年轻时脾气暴躁，犟得像一头不听使唤的牛；但经过生活的磨炼，特别是吃了坏脾气的亏，后来他的脾气就慢慢变得比较平和了，对事情也不那么固执己见。所以坏脾气是可以改变的。当然，也有不改变的，那是由于他自己没有改变坏脾气的要求，或者有要求而没有认真地去改。

5

粗鲁女人没人爱，女人贵在有韵味

女人不一定要漂亮，但一定要有韵味，有韵味的女人最美丽！女人的韵味来自于善良，而善良是人类最原始的天性。古人三字经有“人之初，性本善”之说，可见善良是一块璞玉，是最真、最美的。女人如果拥有这种特性，就会更显迷人。她们待人友善，所以她们的朋友很多；因为善良，她们不爱计较得失，没有报复心，所以她们身上总有一种吸引人的魅力。女人的韵味来自于智慧。漂亮仅仅是空洞之美，内涵才是一个女人最为闪光的东西。“金玉其外，败絮其中”的情景是每个人都不愿意看到的，所以有韵味的女人一定要聪明。这种女人，最懂做人处事的道理，因为她们看得深，想得远，所以很难被花花世界所诱惑，更不会以青春作为代价，毫无意义地随波逐流。她们会把精力放在精神培育上，或读书，或学习新的事物，从而使自己更加完美。女人的韵味来自于淡雅。干净、纯洁，让自己的气质超凡脱俗，仿佛是一个误落凡间的仙子，包含着清水出芙蓉的味道。也许这种女人外表并不美，但是那种不染世俗的洁净之态，已经不知道迷倒了多少少男少女。淡雅的女人从来不会炫耀，从来不会争功，她们只想还原本色，做真正的自己。

想必大家都看过奥黛丽·赫本主演的电影《窈窕淑女》，一个俏丽、清新脱俗的女孩子，尽管她也有十分美丽的梦想和希望，但是粗俗的行为举止和低贱的社会地位让她无法如愿。后来，仅仅经过了三个月的训练，她的声音、音调、言谈就有了明显的变化，又经过了三个月的礼仪训练，她优雅得像一个公主，甚至不了解她的人把她误当成了公主。

女人必须提升自己的修养，尤其在关键的细节地方，更要注意，不能做一个粗鲁女人。男人最反感放荡、轻浮、粗鲁的女人。比如，女人任何时候不要跟别人吵架。动粗只会降低了自己的尊严，当矛盾产生的时候，冷静地转身，去一个安静的地方坐着，比如咖啡厅、茶楼，总之想办法给自己空间去反省。女性不应说粗话。说粗话不仅玷污了自己的个人形象，更是一种听觉上的污染。粗鲁的女人应该多看一些书和多去参加一些有意义的活动提高自己，慢慢就会提高自己的修养。请你对照检查一下，自己是否已经触犯以下粗鲁的大忌：

第一，藐视对方。无论你多么有钱，多么有才，也不要自视清高，藐视他人。如果想为自己的美丽添彩，就要学会把赞美之辞随身携带。所有的女人，无论地位如何，经济条件如何，都无一幸免地喜欢别人对她的赞赏。所以，想获得一个女人的好感，适度的赞美是十分必要的。

第二，盛气凌人。有些女人说话总是强势，突出自己的优势所在，她们在沾沾自喜的同时也失掉了朋友。这类女人需要平易随和。女人，都不喜欢那种自视高傲的花母鸡。相比之下，她们更愿意接受随意、温婉，同自己一样柔和、普通的女子。

第三，浮躁轻飘。有些女人，看不顺眼就破口大骂，遇到一些变动或不顺便大发脾气，芳容大怒。一个容易让人产生好感的女人，身上应该带有沉稳之风，端庄之态。处事不毛躁且平易近人，这样才会让更多的人所接受，所喜爱。

第四，言语刻薄，这样的女人往往很自然地就会让人想到“尖酸”“不易相处”等词汇。身为女人，最好要显得温柔可人，善解人意。从她们嘴里吐出的言语，应带有珠圆滑润之感。不能每一句都像利器，让人无端受伤。有很多人都是“刀子嘴，豆腐心”，这样的女人最应该改一改自己说话的方式，要不然好事成坏事，好心让别人当成了驴肝肺，那又是何苦呢！

生活中男人可以是女人的护花使者，但女人本身要给男人提供一种信心——这种信心就是让男人放心，而且乐意为你托付爱。比如，小仲马的《茶花女》中的男主人公爱上了茶花女，只因为身为茶花女的她气质高贵而又有十足的女人味。这种女人往往会给男人生活信心和勇气，因为她们生命里潜存着一种净化男人心灵、激励男人斗志的人性魅力。现代女性要做到不媚俗、不盲从、不虚华，自然少不了要有这种让男人倍加欣赏的高贵气质。

有时你可能会听到别人评价一个女人说：“她什么地方都不错，可就是感觉少了点‘女人味’”。“女人味”就是一种韵味。它不单单是内在美和气质的表现，也是女孩综合素质的诠释。为此，下面就教你几个小秘诀，让你瞬间散发迷人韵味。

(1)拥有一双高跟鞋。一双合适的高跟鞋配上薄丝高筒裤，会令你的双腿亭亭玉立，走起路来婀娜多姿，尽显你的魅力。

(2)适度的裸露。女孩露得太多，会被认为不庄重；把自己包得像个“粽子”，又浪费了大好的身材，被人把你当成守旧的女孩。如何露得恰如其分，是一门学问。

(3)适当地害羞。女孩吸引男人的秘密武器就是适当地害羞，如果你平时是像男孩子一样豪爽或干练的女强人，适当地害羞会让男人觉得你有时也很“妩媚”的；如果一派天真的脸上突然泛起红晕，这样的少女，没有哪个男人会不动心。但要注意“害羞”不可“使用过度”,否则很容易让男人产生非分之想。

(4)选择一种香水。香水就像你的专有标志。把香水涂在发根、耳背、颈项和腋下,这会使全身都散发怡人的香味。

6 女人的温馨细致总能以柔克刚

在人们的印象中,女人都是柔弱的,如同一潭静水,但百柔是刚,她们的柔情可以让男人为之折服。女人似水,水乃世间万物至柔之物,可是它却偏偏能够以柔克刚。

温柔的女人以柔处世。能于不动声色中洞悉事理,能在纷繁的关系中冷静地展示自我,笑对云卷云舒,那是一种真智慧,真本事。面对轻狂的人,投以恬淡的目光;面对气急的人,报以恬静的微笑;面对沮丧的人,给予慈善的关爱;面对淫威的人,回以泰然的漠视;面对弱势的人,赠送厚重的款待。一个女人如能将温柔运用到如此境界,即使是钢浇铁铸也能化为绕指柔。正所谓:“天下莫柔弱于水,而攻坚强者,莫之能胜。以其无以易之。弱之胜强,柔之胜刚。天下莫不知莫能行。”女人的神态、动作、举止都可以以柔克刚。大多数男人都希望自己能顶天立地,在家庭里是一个核心,同样在社会上也是一个不可缺少的人物。他们并不希望生活在自己身边的女人可以为他包办一切,这样反而会让自己在家庭中的位置受到动摇,在社会上的地位受到质疑。所以,聪明的女人都懂得运用自身的优势,做到以柔克刚。

女人的以柔克刚，就像是风和太阳一样。一天，风和太阳看见地上有一个行人身上穿着一件外套。风便自豪地对太阳说："我们来比试一下各自的力量吧，看看谁的力量比较大，如果谁能把那个行人身上的外套脱下来，那就算谁赢。"说完，它便朝那个行人铺天盖地一阵紧过一阵地刮了过去，想把他身上的外衣刮下来，但风越大那人将身上的外套裹得越紧。太阳笑了笑说："风老弟，还是让我来吧。我可以不费吹灰之力，并且让那个人自动把衣服脱下来。"只见太阳不慌不忙地钻出云层，朝大地洒下了一片温暖的阳光。一会儿的工夫，那个行人便觉得浑身发热，自动脱下了外套。

生活中，女人对待男人就应该像太阳对待这个路人一样，如果像风那样，只会适得其反。男人有着天生的怪脾气，越是在温柔面前，越是听话，而越是在强权面前他越是不服，越是表现出他的雄性和对抗性。作为气质女人，一定要抓住这一点，所以在对待男人时，要像对孩子一样体贴入微，关心爱护。男人在女人的悉心照料中，也自然会给女人最大的回报，而这也恰恰正是女人自己想要的。那么，女人要怎样表现自己的温柔呢？

第一，表现你的娇弱。

有些女人喜欢以"守"为攻、以柔克刚，她们把"柔"的情意和"弱"的形态全抛掷在男人面前。如她们遇到"帅哥"或心仪的男人，会说："你的眼睛里会有我这种人吗？"或曰："像我这样不起眼的女孩谁会请我喝咖啡、泡酒吧？"如此等等，尽量把自己说得可怜兮兮，从而装扮成一个柔之又柔、弱之又弱、哀之又哀的女人，以期激发男人天生的好奇心、同情心与充当"护花使者"的虚荣心，这种激将法的诱导往往极易使男人上钩。试想一下，讲究绅士风度的男人，哪有"弱"不"扶"、"柔"不"软"的。女人这种以守为"攻"的方式又是极其曲折隐晦的，比如你在他面前很孤单，却又与他保持相对距离；你在他面前很爱怜，却又往往推却他急功近利的热情；

这些就给你喜欢的男人制造了想象空间，你的动人之处也就藏在这个空间里。

第二，展示你的万种风情。

有些女人会主动争取机会，并善于施展自己的柔情，一颦一笑、一些亲昵的小动作，都恰如其分地表达着亲切和友善，真可谓是风情万种。她懂得刻意为自己保留一份神秘感，知道如何在感情上牵引着对方，善于“欲擒故纵”和维护男人的自尊，懂得利用相思来激起他对自己的爱欲。比之那些为了表明自己的矜持和高贵，故意整天皱着眉头，一副冷冰冰的拒人于千里之外的女人，大部分的男性还是比较容易被这种女性的柔情吸引。

第三，利用女人天生的母性。

男人的外表很强悍，但是内心往往是脆弱的，尤其在成功男人落难之际，饱含力量的女性柔情不但是男人的避风港，更是他立于不败之地的信念。如果你在他需要的时候适度地显露母性柔情，像母亲一样不厌其烦地鼓励他、激发他的斗志，在他需要的时候默默地支持他，那么他的内心就会很容易承认你。

总之，无论如何女人不能缺少一份女人该拥有的温柔，女人可以说是男人的天使。男人是山，有水的环绕才是山清水秀，女人就是柔情的水。男人是日月，有风的吹拂，才是风和日丽，女人就是轻柔的风。女人是水，能冰凉男人心中的浮躁。女人是风，能轻抚男人心中的尘埃。女人要温柔，男人要刚强，要的就是刚柔并济的效果。

第九章

芳香玫瑰，幸福爱情：打造永不褪色的浪漫气质

浪漫是一种精神上的体验，更是一种素质。浪漫行为充满诗情画意，浪漫是两个人的事，往往不为旁人所理解。浪漫可以体现在某一件很小的事情上，或在一种工作中，或是生活的某个方面，是一种很高雅的精神活动。浪漫的最高境界就是把爱摆在心里，含在口里，流盼眼底，这都比挂在嘴上可贵而扣人心弦。

1

罗曼蒂克让吸引力永不衰退

罗曼蒂克，又称为浪漫，辞典上的解释是：富有诗意，充满幻想。浪漫可以体现在做某一件很小的事情上，或在一种工作中，或是一生中生活的某个方面，是一种很愉悦的精神活动。

经验表明，浪漫是大多数夫妻生活中至关重要的一部分。浪漫是两个人的事，往往不为旁人所能理解。浪漫是花前携手吟诗，黄昏月下相约；浪漫是夜窗剪烛絮语；浪漫是红袖中宵添香；浪漫是春天细细的柳叶；浪漫是秋日黄昏长长的思念；浪漫是西湖的细雨中说着情话；浪漫是宁静的小屋里默默凝视。浪漫可以是野地里在女人鬓上插一朵紫云英，也可以是在情人节里送上 999 朵玫瑰。浪漫是她跟你说她想要星星时，你平静而温柔地告诉她“你就是她的太阳”！浪漫是他忙碌一天，回到家里，看着平时不善厨艺的你也系上了围裙，桌上摆着他平时爱吃而你又不会做的菜，当他含着泪慢慢地咀嚼那种幸福时，你脸上那憨憨的笑！

罗拉曾深情地回忆起她祖父母间的浪漫情事——

祖父母已经结婚半个世纪。自从相遇的那刻起，他们一直玩着属于他们自己的游戏。他们的游戏是将“shmily”写在一个特别的地方，让对方在不经意时突然看见。祖父母轮流在房子里制造“shmily”，发现的人就另想一个留下“shmily”的地方。

有时他们用手指沾着糖或面粉，将“shmily”写在糖罐或面粉罐上，等到准备下一餐的人发现。又有时他们用窗户上的雾气写下“shmily”，等下一个站在窗边往外望去的人发现。“shmily”有可能是泡热澡后，留在镜子上的水气。有一次，祖母更是费尽力气将整卷卫生纸卷到最底处，只为了将“shmily”写在最后一节卫生纸上。

他们的游戏没完没了，“shmily”随时会出现。在车内仪表盘、座位或方向盘上也都可以瞧见小小的便条纸上草草地签着“shmily”，或塞在鞋内，或留在枕头底下。“shmily”这神奇的字眼已成为祖父母家中家具摆设的一部分了。

我不是一开始就能理解他们的游戏。经过了好长一段时间，我才开始明白且欣赏他们的游戏。虽然，对真爱一直存疑的我，无法相信世上真有纯真、永恒的爱，但我从未怀疑祖父母间的情感。他们的感情不仅仅是那打情骂俏的小游戏，还是一种生活方式。他们的关系建立于相互付出与热切的情感，然而，这不是每个人都可以如此幸运地经历到的。

他们不放过每个可以牵对方手的机会。碍于厨房的空间不够大，如果两个人都在厨房里，相互的碰撞总是难免的，然而他们却抓住每次相撞的机会偷吻对方。他们帮彼此讲完对方想说的话；分享每日报上猜字游戏的答案。祖母老是悄悄地跟我说我的祖父有多么可爱、多么英俊。每次用餐前，他们彼此鞠躬，互表谢意，感谢上帝让他们拥有彼此、可爱的家人及足够的金钱,赐给他们这样的好福气。

然而,不幸的是我祖母患了乳腺癌。首次出现症状是在十年前。一如往常地,祖父陪伴着祖母度过每个与癌症奋战的日子。当祖母病重无法出门时,祖父则在他们黄色的房间里安抚她的情绪。将房间漆成黄色,是要让祖母每天可以感受到阳光的温暖。

后来,癌症又再度侵袭祖母的身体。拄着拐杖,再加上祖父的扶持,每个星期日他们仍然不间断地上教堂做礼拜。然而,祖母的身体一天天消瘦,直到最后,再也无法出门。祖父则单独一个人上教堂做礼拜,祈祷上苍帮助他的妻子。然而,可怕的事终究还是发生了——祖母走了。

在祖母的葬礼上,字迹潦草的黄色的"shmily"写在每束花的粉红色彩带上。许多人来参加葬礼。当送走最后一位送葬者后,我的姑妈、叔叔们及每位在场的亲戚都围绕着祖父坐了下来。祖父走向祖母身边,激动的他呼吸略带着颤抖,祖父为祖母唱起歌来,混着眼泪与悲伤,那是一首深沉、沙哑的摇篮曲。

我知道祖母去世的悲伤将随时间淡去,但我永远无法忘记那一刻。在那一刻,我终于明白了,他们的爱是无法衡量的。然而,我何其有幸可以目睹爱情那无可比拟的美。

女人喜欢浪漫,浪漫的女人更让男人着迷。女人懂得如何创造浪漫,也懂得如何享受浪漫。她们会在烛光摇曳的屋里,把头轻轻埋在疼她的男人胸口,喃喃地说着情话。听凭男人一言不发地坐着,抚摸着她的长发。那一刻的她,只想靠着他,只想听着他的呼吸,只希望那一刻的时间能够停止,只希望那一刻能够久一些再久一些才好。她们会在男人写稿的时候,为他泡上热茶,再蹑手蹑脚地走进书房,生怕打搅他的思路;然后轻轻地为他披上衣服,默默地坐在他边上注视着他专注的样子,而男人也会在那时懒懒地伸个懒腰,猛不备地搂住她,给她一个甜甜的吻,让她的心扑通扑通跳个许久。她们喜欢在纪念日里花一整天时间布置房间，然后操持一桌的菜肴，当然也不会忘记准备一瓶红酒。然后满脸幸福地等待下班的他敲门，为她带回最喜欢的小礼物，哪怕只有一束花都会让她像个孩子般雀跃不已。她会和你小饮两杯，然后随着音乐，抱着你在屋里跳舞，不在意跳什么，只要能抱紧你就好。

浪漫让女人着迷而追求不已，浪漫的女人是一道独特的风景。浪漫一生都跟随女人，女人一生都充满浪漫。浪漫是宝贵的，但愿我们大家都能努力加以保持和珍惜。男子应当使他们的浪漫经久不衰，而女人应更开诚布公地说明自己在浪漫方面的需求。只有这样，夫妻才有可能使浪漫之火永不熄灭。

2 有情趣才能让男人为你着迷

情趣是一个优秀女人必须要培养的一种爱好与行为。因为，那些每天只知道家长里短，吃了饭就坐在沙发上看电视的女人，注定在男人眼中是索然无味的。情趣指志趣、志向或情调趣味，有时也指情意。情趣有高雅、低俗之分。高雅情趣是健康、科学、文明、向上的情趣，它符合现代科学和文明的要求，也符合社会道德和法律的要求，体现了一个人对美好生活的追求、乐观的生活态度和健康的心理。庸俗情趣是平庸鄙俗、不高尚的情趣，它会使人经受不住不良诱惑，贪图安逸享乐，不思进取，精神颓废，不利于身心健康，并且有可能走向犯罪。真正的情趣是个人化的，需要自己判断、自己感受，决不应该由社会舆论、商品广告来告诉你怎么做就有情趣。比如把“有车”当作身份标志，这在很大程度上是第三世界的情趣。有的人喜欢开车是另一回事，只要你负担得起，就享受得起。但拿房、车当情趣的标准就太可笑了，如果情趣有标准，那就完全可以这样比较，跟全世界的有钱人比，中国大部分所谓的有钱人都没情趣，还是买不起游艇和私人飞机。懂得选择自己的欢喜忧愁，尊重自己的意愿，这样的人是活在大情趣之中的。比如生活中，养些赏心悦目的花草，养些可爱灵动的小动物，这些都是能为自己的生活增添色彩的行为。吃过晚饭后，主动邀请自己的丈夫一起到公园散散步，到健身房锻炼一下身体，也是一种不错的情趣。

很多女人都认为男人关心女人是应该的，男人就应该做牛做马，养家糊口，承担所有的压力，解决所有的困难。但你有没有想过自己可曾关怀过他？如果没有，请在他累的时候道声辛苦了，顺便递上一杯茶；在他烦的时候，静静地陪着他；在他成功的时候，给予他热烈的拥抱与最真诚的掌声与祝贺吧。爱情中的情趣是需要经营的，只有精心经营的人才会不断收获到令人欣喜的果实，比如，在西餐厅订一个属于你们的位子，如果那里有你们共同的记忆，那一定是件锦上添花的事情。给对方买一件礼物，可以是一本书，也可以是健身中心的一张卡。随着时间的推移，人们的爱情往往也会慢慢降温。要使爱情保鲜，真的不是一件容易的事，靠的是相爱双方共同的维护，爱情本来就是两个人的事！当然，爱情可以保鲜的方法很多，在生活中创造些小情趣，就必须身体力行“爱情保鲜法则”，让彼此做一生的情人，永远的爱人！看看恋爱专家的情趣绝招，肯定会对你有用的。

(1)清晨醒来的时候给他一个甜美的微笑。

(2)看着天花板，发会儿小呆，大声细数你情人节的 n 个愿望，虽然听众只有一人。

(3)赖在床上不起，让老公为你做一顿早餐。

(4)主动请缨，给老公刮刮胡子，并且不许他自己加工。

(5)出门的时候和他吻别，并保持这个好习惯。

(6)给自己买一件礼物，可以是一本书，也可以是健身中心的一张卡，情人节的时候别忘了爱自己多一点。

(7)送他一件礼物，一件只属于你们的礼物。

(8)相约在影院看一场电影，内容是什么不重要，重要的是你们又回到十指相扣漫步街头的时刻。

(9)和他在沙发上看一张有意思的碟，重要的是内容，可以让你们更相爱、更愉快的那种。

(10)在西餐厅订一个属于你们的位子，如果那里有你们共同的记忆，那一定是一件锦上添花的事情。

(11)在家里张罗一桌看上去很不错的晚餐，换上漂亮的衣服等他回来。

(12)把给他买巧克力的钱全部用来买排骨，给他做一顿红烧排骨。

(13)把他偷偷藏起来的臭袜子洗干净，并且丝毫没有抱怨。

(14)两人在家中亲自下厨做一顿情侣烛光晚餐。在餐桌上点着蜡烛感受浪漫气氛，你做饭、他洗碗更是幸福一幕。

(15)翻开抽屉最里的一格，拿出当年的情书让对方大声朗读。

(16)到外面的“diy 吧”精心制作一块漂亮的香皂，可以放进去你们的照片或者做成心形，又芳香又甜蜜。

(17)到甜品屋亲自制作甜味的浓情朱古力，可以写上你们的名字和姓氏，还可以多做点给孩子留一部分。

(18)像情人一样在酒店共度良宵，从晚餐开始就能体会到这一晚与平时的不同，仿佛蜜月时光。

(19)参加以浪漫为主题的 party，听着古典舒缓的音乐，在醉人的音乐中双双起舞。

(20)约上他一起喝杯咖啡，端起一杯亲手煮的特色咖啡，或斜靠藤椅，或执手相看，传递浓浓情意，让时光于此暂停。

3

撒娇是女人的独门暗器

撒娇是女人征服男人的武器。有人说,每个成功男人的背后,都有一个会撒娇的老婆!是啊,当老公在外奔波工作了一天,回家最想看到的就是老婆温馨甜蜜的微笑!还有,当老公生气时,老婆撒娇地抱老公一下,保证老公不会动粗。当老公口出粗言时,吻一下老公的嘴巴,老公不但骂不下去,而且还会苦笑着拿你没办法!没有一个男人不会在深谙撒娇的女子面前败下阵来。她娇声说:"我喜欢这个,还想要那个,人家就是想和你在一起嘛,好啦好啦,人家以后不再使小性子就是啦……"天啊,在如此娇声软语面前,还有哪个男人不肯乖乖就范?它虽然无棱无角,但再坚强勇敢的男人在女人的娇声嗲气中都会手足无措、骨头酥软,把所有的英雄气概丢失得一干二净。女人只要把娇气软绵绵地撒在男人身上,哪怕要男人上刀山下火海,男人也会眼不眨心不跳地心甘情愿为其献身。

深谙撒娇之道的女人妙就妙在撒了娇还不露痕迹,完全是自然流露。一颦一笑、一嗔一怒尽在本色之中,没有半点勉强和造作,不觉中平添了女人的妩媚和可爱。那些号称从来不会撒娇的女人,实在不值得骄傲。直通通、硬邦邦与男人无异,又如何体现女人的优势?又怎能激发男人怜香惜玉的热情?一个不会撒娇的女人,好像是一碗鲜美的汤忘记了放盐,岂不是辜负了上天创造出来的美意。

会撒娇的女人总是特别有女人味,一举手一投足之间,总会让男人为之心醉神迷。试想一下,当恋人嘟起小嘴,跺跺小脚,再加上一脸委屈表情的时候,心肠再硬的男人也会甘拜下风,缴械投降。别看男人们在事业中一路拼杀、勇猛无比,其实在感情上他们也有着单纯的一面,柔弱娇憨的女人最能满足他们的大男人心理，此时的他们自认为是顶天立地的英雄，保护与怜爱之心也空前高涨。

女人撒娇让男人觉得很有面子。撒娇的女人懂得男人的软肋在于做大男人的虚荣，所以她不动声色地收敛起自身的锋芒，剥去坚硬的外壳，把最柔软的部分展示给男人，幸福地享受着男人的关爱和呵护。撒娇的女人在公众场合对男人表现得温柔贤惠、百依百顺，不仅给足了男人面子，也引来众多羡慕和嫉妒。这样一来，男人很自豪，自然也很感激她，回到家后会把她当作白雪公主一样来对待。

很多女孩认为，撒娇就是将声音提高八度，然后把尾音拖得长长地，其实这种看法是不完全正确的，撒娇要撒得好也是一门大学问，在面对不同的人时得有不同的技巧及方法，还得根据现场情况把握好分寸。台湾腔国语被公认为最适合撒娇，“真的喔”“东东”“就是……嘛”诸如此类嗲味十足的语汇，有些人听来觉得矫情肉麻，可是在情人的耳朵里，却是分外甜蜜。比如，台湾名模林志玲就将这点发挥得淋漓尽致，清脆的娃娃声、娇羞的表情，配合在一起，仿佛时时处处都在撒娇。

海涛和女朋友交往三年了。女朋友什么都好，就是对海涛依赖性太强、太缠人。每天都要海涛汇报行踪。那天中午，海涛正在忙工作，女友打电话来说想吃巧克力。要在以前海涛一定会下班后买给她，可这段时间公司的领导已经在说他上班时走神，业绩也不理想。于是海涛告诉她：“我现在走不开，你先到超市去买，算我送给你的，好不好？”女友一听就不开心了，在电话里大发牢骚，海涛只能静静地听着。下班后，海涛买了玫瑰花和巧克力，连连向女友赔不是，好话说了一箩筐，她才勉强作罢，而海涛已经累得筋疲力尽。久而久之，海涛觉得实在受不了，只有分手了事。

撒娇也要讲个分寸，撒娇也要撒得自然，反之则会让男人心生厌烦，得不偿失。撒娇首先要看形势，热恋的时候浓情蜜意，女孩子无论怎样撒娇耍赖，男人都会甘之如饴。但是，男女在对待爱情的态度上是不同的，随着恋情的稳定，这种差异体现得越来越明显，女孩总是希望得到男人更多的爱，最好这份爱能够取之不尽、用之不竭，可是很少会有男人一天到晚把爱挂在嘴边，他们更多是用实际行动来表达自己的爱。于是女孩便开始怀疑男人，是不是变心了？是不是不再爱自己了？想方设法地找男人的茬儿，开始还是撒撒小娇、闹闹小脾气，后来便演变成了撒野，这样的女孩便开始变得越来越不可爱了。没有一个男人会永远那么有耐心来哄女孩的，特别是从恋爱走进了婚姻之后，男人更希望女孩会突然变得懂事起来，温柔又体贴，而不是整天闹别扭。撒娇其次要看场合，对情人撒娇，本是两个人私底下的情趣，当然不怕尴尬；若是不怕肉麻的话，在众目睽睽下打情骂俏、撒撒娇也是未尝不可。但是在一些重要场合，特别是在公司场合，撒娇一定要谨慎。有的时候，男人会带着女孩出席一些正式场合，例如周年晚会、饭局等，在这些地方碰到的人，大都是与男人有工作往来的人，他的上司、同事或是生意伙伴。这时，男人需要的是一个大方得体的女伴，而不是一个不懂事的女朋友，假如当男人正在和上司谈公事，女伴突然过来撒娇，相信没有一个男人会觉得这样撒娇是可爱的。所以，在公共场合撒娇只会让人觉得你不识大体。

因此，女人一定要会撒娇，该柔时柔。需要恰当地把握住撒娇的技巧和对方的承受能力，要知道哪些是比较敏感的、最好躲避的区域。撒娇的时候一定要把握好一个度，若撒娇太过了，便是任性的表现了。而任性的女人，只会让男人离得越来越远。

4

把真情献给真男人、真好汉

如果问女人心中的理想男人是什么样子，答案会众说纷纭，观点不一，但却有如下一些特点：喜欢质朴的真男人；喜欢敬重女人的真男人；喜欢谦逊诚恳的真男人；喜欢绝不自负的真男人。一句话，女人喜欢的是真男人、真好汉。英雄本色，方能倒海翻江；男人气魄，才可决胜情场。对于这样的男人，女孩不仅仅要为得到这份情缘而欣喜，更重要的是还需学会守护爱情的技巧。

第一，爱人就是爱人。只要去爱，不要拿来比较，不要老说别人的老公如何、如何好，别数落他没出息，你是他最亲密的人，你还这么说他，好像不太应该，对大多数男人来说，赞赏和鼓励比辱骂更能让他有奋斗的力量。何况，爱他还忍心伤害他吗？爱他一定要尊重他，再生气也不可以出口伤人，言语的伤口有时一生都在流血的。身体的伤害很容易治愈，精神的伤害后果是可怕的。

第二，不可以整天追问对方爱不爱你。他若真爱你，你不必问；他若不爱你，他已做了你的丈夫，难道他会对自己的妻子明确地承认吗？除非他不想要这段婚姻了。他对你的爱，用心去体会就品味出来了。爱是行动表现出来的，不是挂在嘴边说出来的。老挂在口头上不落到实际的爱太苍白太无力，婚姻是现实的，生活是现实的，风花雪月的恋爱，不是真实的生活。夫妻是从柴米油盐中去感受爱的。

第三，不要摆脸色给对方看，一个生气的女孩是很丑陋的。他工作已有很大压力，没有义务回家还要看你的脸色哄你开心。也许对方性格上会有缺点，生活细节会与你不同，令你不满意，但他怎么可能是完美的，在你面前，他要放下面具，做一个真正的自己，做个普通人。宽容是做人和对待婚姻应有的态度。女孩要懂得容忍和体谅对方。

第四，要适度表现你的体贴和柔情。很多热恋中的女孩都能不由自主地用脉脉含情的目光注视着自己的心上人，万般柔情皆在不言中。事实上，适度表现出体贴和柔情无疑会令男友心动，所以聪明的女孩总是把对方无意中透露出来的嗜好或兴趣悄悄记于心底，然后在适当的时候，一件小小的礼物，一声温暖的问候，都可能换来他对你更亲密的感觉和最深的牵挂。你对男友细心的关怀，当然会使他敏感地体会到你的真情，并对你产生好感。

爱情是生命中最厚重、最无价的情感，因此所有的女孩都渴望永久拥有这份情感，牵手走过生命之旅程。但很多时候，还要讲究爱情技巧。西方有句谚语："结婚前睁大你的双眼，结婚后闭上一只眼。"其实，婚姻与玉石相似，再完美我们也可以找出疵点。可说到底，在上帝如炬的目光审视下，我们谁敢大言不惭地说自己是"完美"的人呢？既然自己并不完美，凭什么以完美要求自己的爱人呢？爱一个人，便意味着全身心地、无条件地接受并包容他的一切，包括他的坚强掩盖下的脆弱、诚实背后的虚伪、才华表象下的平庸、勤劳反面的懒惰，以及他在婚前不曾被发现的种种生活恶习。大仲马曾说："要维持一个家庭的融洽，家庭里就必须要有默认的宽容和谅解。"萧伯纳也告诉我们："家是世界上唯一隐藏人类缺点与失败，而同时也蕴藏甜蜜之爱的地方。"柴米夫妻，食的是人间烟火，谁也不可能完美无缺，只要不是原则性的大问题，就不要太过较真，求全责备，而应该多体谅，多包容，这样彼此相处才会和谐，婚姻才得以延续。

幸福美满的夫妻关系，应该是建立在爱情基础上的相依为命、互敬互爱、相敬如宾、志同道合的特别亲密的关系，特别是女人，要明白男人的难，男人的苦，要支持男人，理解男人。这样的夫妻生活才会更加愉快和谐，情谊浓浓，每天都有一个永不重复的故事。以下 10 个动作是征求了数百名老公的意见之后进行总结后得出的爱情秘诀，效果显著，杀伤力强，仅供大家参考。

(1)老公累了，靠在沙发上睡了，妻子要做的就是仅仅把电视音量关小而已。妻子千万不要摇醒老公，或者在一旁呵斥孩子、打电话等。

(2)冰箱里过期或者剩下的食物要及时清除，厨房里发黄的蔬菜一定要随时扔掉，保持垃圾桶的清洁。

(3)吵架时绝不说离婚，并且，要多流泪，语言针对性强，就事论事。要是妻子错了，吵过之后，看他还死绷着脸，就装可爱，死皮赖脸地往他身上粘。

(4)老公下班回家一定要让他第一眼看见你的笑脸。当天的报纸最好是折叠整齐放在老公取阅方便的地方，注意，男人最反感报纸弄得七零八落。

(5)在你看电视剧或者电影的时候，看到故事里的婚姻生活很悲惨的时候，想一下你丈夫对你好的时候，不在身边的话就给他打个电话，在身边的话，就趴在他身上哭一会，并且说，我们不要那样好不好？

(6)老公挣回一笔钱交到妻子手中的时候，妻子一定要眉飞色舞地反复清点，要表现出极为兴奋的样子，最好两眼放光，然后，妻子满意地赞扬老公能干，或者说说"辛苦了"之类的语言。妻子的一句"老公你对我最好了"会让老公倍添自豪和荣誉感，不信妻子现在就试试，绝对屡试不爽。

(7)一定要记住老公的生日，保证第一个向老公说生日快乐。记住，生日礼物最好是物质的，不要吃顿饭或者看场电影，男人最喜欢回味美好的记忆，有了物质礼物，能让男人的回忆有一个温暖的落脚点。

(8)老公一旦身体不适，妻子一定要大惊失色，比如，不断用手去摸老公的额头，给老公压被子，给老公端来热水等。上班期间，也要关心老公一下，但不要打电话，最好发短信。

(9)雨夜和寒冷的黄昏，妻子能为老公烧一顿可口的晚餐，再将屋内的灯光都打开，等待晚归的老公回家。男人往往在这样的情景下，能够体会到家的温馨。老公把工作带回家，妻子不要试着让老公的注意力转移到自己身上来，可以去给他快喝干的水杯里加水，或者做点宵夜，老公会感觉特别温暖。

(10)妻子一定要善于与老公的朋友、同事圈子相处,如果参加老公的朋友聚会,妻子一定要悉心打扮,如果老公的朋友中有孩子或者女人,最好能在老公不知晓的情况下,准备一些小礼物,一定会让老公脸面有光。这一条极为有效!

5 嫉妒是挫伤幸福的利器

嫉妒是由于别人胜过自己而引起的负面情绪,是心胸狭窄的心理。心理专家认为,个别女性,由于长期在宠爱的环境中生活,内心里可能会在不知不觉中受到一定的负面影响,出现霸道、自私、嫉妒等不良心态,严重时还可能会引发不可预测的精神疾病,甚至出现报复杀人的严重后果。这一点,要引起女人的重视,社会、家庭、单位也要引起重视。嫉妒心理产生的根源就是自私与虚荣。嫉妒就像恶魔,使人没有了耻辱,没有了良知,没有了人格,最终会把人毁掉。所以女人要远离嫉妒。生活中的一句话、一个小小的误会,如果得不到认真地解决,思维出现偏激,也可能会造成嫉妒心理出现,引起大的灾难发生。

任太太的婚姻家庭十分幸福美满。她和丈夫结婚30多年,从来没有过不愉快,更不用说嫉妒和猜疑。说起丈夫对自己的恩爱体贴,任太太的赞不绝口几乎是情不自禁。任太太的丈夫是快60岁的人了,还在为公司忙碌着。她说,女儿很懂事,在一个文化部门工作，女婿更好，在公司里给丈夫做助手。任太太自己就留守家中。本来是尽享幸福的日子，可是，几个月前，任太太收到了一封匿名信，信中说她丈夫与公司里的一个女孩有不正当关系。没想到任太太居然立刻信以为真，一下子搅乱了整个家庭的生活。“丈夫根本不可能做这样的事，可我为什么要相信这样的事情呢？”连任太太自己都感到不可思议，不能理解。

事情由来是这样的：任太太家里请了一个女孩当保姆，小保姆深得她的信任，两个人什么话都说。这个女孩有几个同乡女孩，一同来城里打工。其中一个女孩在家乡的时候就与任太太的小保姆不和，可偏偏现在就是那个女孩发展得好。她就在任太太丈夫的公司里，而且据说就要被提职加薪，很是得意。于是，小保姆大为嫉妒，总想报复那个女孩。一天，小保姆和任太太谈起了一个上年纪的男人与年轻女人私通的传闻，任太太虽然不知原委却随口说：“如果我老头子有这样的事，那可真让人活不了！”整个应验了那句话——越是怕鬼越是见鬼，没想到就在第二天，任太太就真的收到了那封匿名信，上面写的正是她最怕的事情。不过，由伪造的笔迹以及各种人物关系的推断，任太太立刻断定是小保姆所为。让人困惑不解的是，尽管她立刻就识破这是心怀叵测的小保姆的诡计，并深知毫不可信，可她还是被这件事弄得心烦意乱。任太太当即就把丈夫叫回家，大吵大闹。丈夫对任太太的吵闹先是一笑置之，随后是好生安慰。等任太太的情绪稍稍平静之后，商量决定把小保姆辞退了。此后，任太太经过反复抚慰，思想上已经不再想那封匿名信的事了。但是，只要听见有人说到公司里那个女孩的名字或是看见她，就会重新引发任太太的怀疑和嫉妒。于是，整个家庭陷于痛苦之中。

嫉妒有如此的危害，但是可惜女人不容易摆脱。女人的这一心理往往源于心胸狭窄，而心胸狭窄则由于她的社会圈子小，视野不广；再加上，看待爱情女人往往重于男人，她的爱情往往表现出是对情人或男友或丈夫的爱。因而可以说，一个女人若是对某个男人毫无嫉妒心，那就表示这个男人跟她毫无关系，她根本就没有把这个男人放在心里。但如果过分地嫉妒，那她的男友就会大感束缚，很不舒服，最后可能会因为耐不住而与她分手。可见嫉妒如同味精，在男女之爱中加一点点可有调味作用，加多了就会变苦，以至无法入口。男女之间若不懂上述道理，恋爱便可能随时触礁。

正如培根所说：嫉妒这恶魔总是在暗暗地、悄悄地“毁掉人间的好东西”。嫉妒是人类最普遍、最根深蒂固的感情之一。嫉妒对人的身体是最大的摧残，有些女人因为嫉妒，郁闷聚集在心口，引起了严重的消化系统疾病，夜间严重失眠，脸上起花斑，性生活也不协调了，显得很冷淡，丈夫也不满意，真的体验到生不如死的感觉。

现代女性为了自己的身体健康，一定要远离嫉妒，客观地看待别人的优点，学会换位思考，使自己轻松起来。克服嫉妒要有宽广的胸怀，不要害怕别人好，更不要害怕别人超过自己，要虚心学习他人的长处，根据自己的特长，发挥自己的优势，寻找成功的突破口，同样可以实现自身的价值。淡薄名与利是克服嫉妒的根本，不要把出名、追求私利看得过重，平淡一些，公平一些，明白“山外有山，人外有人”的道理。别人好了，只知道生闷气，不知道努力追赶，是天下最大的傻瓜。在这个世界上，有很多人生活得比你好，比你富有，但是，每个人都有自己的幸福，你也有他人没有的快乐。与其嫉妒别人，不如享受自己的幸福，做好自己的事情！

6

告别坏脾气，不做泼妇

现代女性在每天的生活中免不了会出现好情绪和坏情绪，但关键是如何保持情绪的平衡。女人是感性的，其情绪特别容易被外界的事物所影响。落花、流水、枯藤等都会让她们在心中感怀良久。面对生活中那些层出不穷的麻烦事，女人最容易发怒。所以，学会控制自己的情绪对女人来说特别重要。

从前，有一个脾气很坏的男孩，他的爸爸给了他一袋钉子，告诉他，每次发脾气或者跟人吵架的时候，就在院子的篱笆上钉一根。第一天，男孩钉了37根钉子。后面的几天他学会了控制自己的脾气，每天钉的钉子也逐渐减少了。他发现，控制自己的脾气，实际上比钉钉子要容易得多。终于有一天，他一根钉子都没有钉，他高兴地把这件事告诉了爸爸。

爸爸说："从今以后，如果你一天都没有发脾气，就可以在这天拔掉一根钉子。"日子一天一天过去，最后，钉子全被拔光了。爸爸带他来到篱笆边上，对他说："儿子，你做得很好，可是看看篱笆上的钉子洞，这些洞永远也不可能恢复了。就像你和一个人吵架，说了些难听的话，你就在他心里留下了一个伤口，像这个钉子洞一样。"

许多人都知道发脾气不好，但又很难控制自己的情绪，就像故事里的男孩一样，对别人毫不控制地宣泄自己的情绪，就像在对方的心里钉钉子，无论你怎么道歉，伤口总是在那儿。因此，我们必须学会控制自己的情绪，呵护自身的心理健康，这既是为了别人，也是为了自己。

情绪管理是一门学问，也是一门艺术，要掌控得恰到好处。所以要成为情绪的主人，首先要觉察自我的情绪，同时能觉察他人的情绪，进而能管理自我情绪，特别是要经常保持快乐心情面对人生。一个人越懂得选择情绪，也就越能保持美好心情。这样其人生不但更加丰富，而且每天的日子会过得相当快乐。因此当我们心情不佳时，如能换个心情，以愉快的情绪来取代不愉快的情绪，将会更少地呈现出负面的情绪。譬如说本来今天早上出门时间比较晚，上班已经快迟到了，偏偏一路上又不停地遇到红灯，越急心情越不好，假如此时改变一下情绪，觉得难得有此机会利用红灯时间欣赏路旁街景，心情就立刻转变向好。

在一家大企业就职的刘女士由于同事的工作失误，她也连带着受到了主管的严厉批评，为此，她觉得心里很窝火。下班后刘女士黑着脸去幼儿园接了女儿搭公共汽车，人还没上车，司机就关门，门把她的左胳膊给夹住了。虽然不怎么疼，只是司机的工作态度未免太恶劣，叫她生气。为此，她和司机发生了争执。

刘女士下车后，孩子闹着要她抱，她憋不住大吼一声："妈妈累，自己走！"孩子惊异地盯着她，一脸要哭的样子。

晚上回家，郁闷到了极点的刘女士，灰头土脸地进门，丈夫一句问候的话都没有，她又不由得生起气来。闷着头吃完饭，为了谁洗碗的小事推来推去，说着说着，他们的火气都被点着了，开始横眉竖眼，大吵起来。

为了更好地适应社会，气质女人必须学会调动自己的情绪，理智客观地处理所有问题。刘女士受了主管的批评，情绪不好，心情十分不畅快，结果无辜的小女儿倒了霉、丈夫倒了霉。这就是不能控制情绪的后果。

如果我们学会了怎样调动情绪，将不会再无助地听任消极情绪的摆布，而能够从容地面对痛苦、忧虑、愤怒和恐惧的情绪，就能发现自己可以轻而易举地驾驭它们，驾驭一切。只有调控自己的情绪，才能走向成功。“情绪管理”就是以最恰当的方式来表达情绪。能调动情绪的人生活更有效率，更易获得满足，更能运用自己的智慧获取丰硕的成果。反之，不能驾驭自己情感的人，内心激烈的冲突，削弱了他们本应集中于工作的实际能力和思考能力。这一点，对现代女性也是同样适用。因此，女人，控制你的脾气，展现你迷人、大度的微笑，你会发现，没有过不去的坎，没有办不成的事。

7

上得厅堂，下得厨房

事业和家庭是一个天平的两端，一个有能力、有智慧的女性，是能够在家庭和事业间找到平衡点的，因为这也是成功女性一种特别能力的体现，许多中外女性的成功实践已经充分证明了“平衡”是可以实现的，“鱼与熊掌”也是可以兼得的，女性追求的应该是“出得厅堂，下得厨房”，她在工作上像一个强人一样投入、拼杀，但绝不把工作状态带回家，在家里她就是贤妻良母。

有一个女孩子的父亲不经常下厨，下厨必做一道菜——鱼香茄子。她不明白，母亲为什么那么喜欢，每次都要吃个底朝天。

不过，父亲做这道菜确实拿手。一整个的茄子不切开，把它蒸过然后在炭火上烧熟，直到茄子皮焦黄焦黄的，煞是好看。接着，把茄子切成很多小块。但刀不能切到底，要保持茄子整个的形状放在盘子里。最后，把事先调好的汁，滚烫的，浇到茄子上。一眼看过去，红红绿绿间好像卧着一条美丽的鱼。不但好看，而且好吃，入口松软，唇齿留香，真还有鱼肉的味道。

女孩子知道好吃，但绝对不会去学，父亲做的时候她根本不想挨近看有什么秘诀。她甚至奇怪，为什么父亲有心情做这样麻烦的菜。她是现代女性，信奉的是男女平等，视做饭为洪水猛兽，宁肯不吃也不做。因为这些，她被大家怒斥为女权主义者，男友和她也经常因此闹点别扭。

那一天女孩子又和男朋友吵架了，起因就是做饭问题。她懒散地坐在沙发上看电视，男朋友不停眨眼示意她去帮帮厨房里的母亲，她故意视而不见。几个回合后，男朋友忍无可忍，大声责备她："从没见过像你这么懒的人！"她也火冒三丈，一字一顿地回击他："现在你看见了。你后悔还来得及，我告诉你，我就是不做饭，现在不做，以后也不会做！"

男朋友正准备拂袖而去，被听到动静从厨房里出来的母亲拉住。

母亲让他们坐下，清清嗓子，给他们讲了关于鱼香茄子的故事。

那是 20 多年前，父亲和母亲刚刚结婚。母亲是个很能干的女人，风风火火，不但工作上干得有声有色，而且家务事也样样来得，尤其烧得一手好菜。父亲简直是过着衣来伸手饭来张口的生活。所有人都羡慕父亲，说娶到母亲真是一生的福气。

有个周末，家里要来客，母亲忙不过来，就叫父亲帮忙递递菜递递碗什么的。千呼万唤，父亲却只应着不挪步，眼睛都不肯从书本上移开一下。油锅“呼”一下着了火，母亲又气又急，手忙脚乱间还把锅打翻了，结果烫伤了脚。

父亲当时肠子都悔绿了。

母亲卧床那些日子，突然变得很爱吃鱼。那时，生活水平那么低，吃鱼吃肉一般是过年过节才有的奢侈。母亲的伤，其实已经花了很多钱，几个朋友那里都已经借遍。所以，给母亲买过两次鱼以后，经济捉襟见肘的父亲就只有愧疚和无奈了。

大约过了一个星期。父亲在晚饭时间兴冲冲端了一盘菜放到母亲面前。母亲吃了一口，说不出是什么鱼，细细咀嚼，发现不是鱼肉，却有鱼的鲜香滋味。父亲得意洋洋地笑：“这叫鱼香茄子，味道好吧？”

原来，父亲托朋友找了一个食堂大厨拜师学艺。人家本来不肯教，但他好说歹说，大厨师感动了，才把这门绝活教给他。家常菜其实是很难做的，父亲学了一个星期，才有点眉目。他像献宝一样，不停问母亲：“好吃吗？”还说，以后再不袖手旁观了，一定会帮母亲一起做家务活。母亲一边吃，一边掉眼泪，眼泪和着菜，全都是幸福的滋味。

故事讲完，母亲擦擦眼角，轻叹一声：“一晃也吃了那么多年了。好像还有很多滋味呢。”刚下班进门的父亲也语重心长地接着说：“为一个所爱的人做饭，其实有时候就是一种乐趣。两个人在一起。本来就应该互相体谅和包容。”

女孩子终于明白了鱼香茄子的秘密——为所爱的人做菜，本身就是一种幸福。

有人说，现今社会，厨房不再是女人的专有领地，新女性应该突破厨房的禁锢。于是，有相当一部分女子在择偶的时候，要先发制人地说，我不会做饭。接着，又问一个问题："你会不会做菜？"这样的新女性吓跑了不少人。其实，只要两个人相爱，谁为谁下厨或者两个人都下厨又有什么必然的规定呢？幸福生活在哪里？就在平淡生活的油盐米醋中，为所爱的人做几道好菜，就是一种幸福。

苏琳和丈夫感情原本很好，性格也很契合，但结婚的前半年她和丈夫几乎是在争吵中度过的。争吵的原因就是做家务。

苏琳是报社编辑，丈夫是大学老师，两人的工作都不算太忙，但因为他们业余时间都要充电而导致没人做家务，经常为分担家务而争吵，非常影响夫妻感情。苏琳觉得这么吵下去不是办法，根本解决不了他们之间的问题。

有一天她特意学了两个小菜，为丈夫精心准备了一顿难忘的烛光晚餐，在饭桌上她和丈夫倾心而谈，诉说自己工作中的苦衷。丈夫也认识到以前没有体谅她，最后他们达成共识，制订"共同家务计划"。

苏琳说："女人一定要让老公知道，娶老婆回来是疼的，而不是娶回来是当保姆的。"

后来，随着苏琳在职位上的升迁，体贴的丈夫就建议他们可以把家务交给小时工来做。

"那我们做什么呢？"苏琳一脸迷茫地问老公。

"努力奋斗，然后好好享受生活。"丈夫说。

从此以后，他们成为"零家务"的受益者。每天回家就能享用可口的饭菜，周末不必为谁来扫除而争吵。偶尔兴致盎然或是工作不忙的时候，苏琳会自己下厨，照着菜谱为丈夫做顿西式美食。

"点上蜡烛，二人世界，就像回到了刚谈恋爱时，别提多浪漫了！”苏琳幸福地说，这种偶尔为之的小花样，更让丈夫对她倍加珍惜。晚上就寝时，身心放松的她惬意地钻进被窝，偷偷地给老公一个香吻，然后带着慵懒小女人的微笑，满足地进入梦乡。

苏琳在面对工作与家庭的平衡问题时，巧妙地使用女人的智慧，和丈夫一起来想办法，最终找到了两全其美的解决方法，让自己轻松地享受工作的快乐，家庭的幸福。一个气质女人，也是一个会生活的女人，从她懂事的那天起，就要用毕生的努力来维系、更新她的生活。让自己学会把握自身与外界关系的能力，她清楚自己如何做，才能平衡工作和家庭的关系。家庭意味着爱和责任，是一个港湾，是我们生活下去或生活更好的动力，是一生的起点，也是终点。其实无论是关注事业还是更关注家庭，其现实意义是无法真正划分开的。努力在事业中打拼，除了实现自身的社会价值外，还是为了家庭生活解决生计或者改善生活质量，是为家庭幸福提供物质保证；而多些精力给予家庭，是为了增进和融合感情，以上两者缺一不可。关键问题在于精力投入的尺度要恰当，寻找平衡点，避免顾此失彼。正确处理好事业、家庭的关系是一门技巧，只有真正掌握这种技巧的女人，才算真正明白了生活的意义。

第十章

呵护自我:健身成就女性的美丽与性感

在我们追寻美的道路上,有一条底线是不能触碰的:健康第一,美丽第二。每位女性都对自己的健康非常重视,她们无一不渴望拥有迷人身段,却很少参加有规律的锻炼,时间一长就变成了身体肌肉少,脂肪多。年轻时候,可能还没有那么明显,可是一旦进入中老年,就会像气球吹起来一样迅速发胖。所以,如果不想让可怕的事情发生,最好从现在做起,开始运动!

1

科学运动,让女性健康无忧

健康是美丽的基础,也是我们取得一个幸福生活的基础。爱运动的女人具有理性的美丽。爱运动的女人不认为美容化妆品可以留住青春,也就是她们不认为金钱是万能的。运动比之于美容,不是一时的缺陷的掩饰,而是自然美和艺术美的长远结合。所以爱运动的女人比爱化妆品的女人更懂得形体和美。通过运动,容颜不美的被优美的肌肉线条掩饰了;容颜本来就不错的,腹部脂肪得到控制,乳肌前挺,大腿匀称发达,小腿结实修长。不难想象,这样的女人多么令人心动。

任何为了美而损害健康的事情,都是短视的,愚蠢的,终将为此付出代价。运动在于坚持。只要女性朋友们可以持之以恒地运动,毫无疑问,她的身体也会越来越健康。有规律地参加运动可以加强体内的生理机能。经常运动的女人较不爱运动的女人来讲,得高血压、心脏病或是中风的概率明显低出很多。不仅如此,经常运动的女人大多身体匀称,体形优美。而不爱运动的女人则脂肪成堆,以至体型臃肿。生命在于运动,运动使人美丽。所以,时尚的女士们都投身到运动中去吧,选择合适的运动才能健康无忧。在此,我们推荐下面三种常见的运动方式:

(1)健身跑。

健身跑是最常见的一种健身锻炼方法。健身跑的保健作用在于使心肺功能得以增强,氧的摄取和血流量得到改善。年轻时最好天天锻炼,每次跑步距离在2000～3000米左右。在中年以后改为每周锻炼5次，将跑步的距离加长些，但强度减小了；到了60岁以后改为隔日锻炼，每次锻炼跑5000米左右。如果腿感觉不舒服时，就将跑步改为大步长距离走，强度以感觉舒适为准。实际上，健身跑的形式不用过分拘泥，可以多采用如快走、后踢腿跑、扩胸展臂、深呼吸等辅助动作，增加锻炼时的欢乐和兴趣。此外，健身跑时要讲究心理卫生，排除一切杂念，保持愉快心理状态。

(2)散步。

散步能健身治病、益寿延年，已被科学实践证实。美国盐湖城老年人健康中心曾做过一项实验，让部分55岁至70岁老人每周3次、每次散步1小时。持续4个月后，老人与整天坐着不动的人相比身体反应的速度加快、视力提高、心脏功能增强、原有的病痛减轻，甚至还增强了记忆。美国圣路易斯州的华盛顿大学也做了一项实验，让患有骨质疏松妇女服用适量的钙片，配合每周3次，每次1小时的散步。持续22个月，脊椎骨密质增加6%，她们的身体骨质更加结实了。但要得到更好的效果，还得根据个人不同的情况对环境加以选择。如心情不畅的人，应选择到鸟语花香的公园散步，以借景消郁；心火较重，心情烦躁者，宜到海边或森林密布的地方散步，以吸收阴凉的空气，滋润心神；患有风湿性关节炎或水肿病的人，则应到沙地干燥处散步，以燥湿消肿。对季节、气候的选择，如春天宜在早晨到野外散步，以吸收万物之生气，焕发机体阴阳滋生；夏天宜在鸡鸣起床，到荷塘柳河边散步，以取凉润之气而防暑；秋天宜在金色晚霞中散步，以收敛大地之精气而备冬；冬天宜在走廊、室内散步，以活跃阳气，抵御风寒。还有一种新兴时尚是在霏霏细雨中散步，经科学研究认定：毛毛细雨不仅能净化污染日趋严重的城市空气，而且在雨前残阳中产生的大量负离子还具有安神舒气、降低血压的功能。

(3)游泳。

游泳是一种很好的健身运动项目，有益于健康和强健体魄，主要是由于在游泳时，水对胸廓有很大的压力，呼吸肌必须额外地克服此种阻力才能正常呼吸。因此，经常游泳可增加肺活量，促进呼吸系统功能；游泳时，水会对人体皮肤和血管赋予压、打、拍击的“按摩”作用，并且游泳时全身的关节肌肉都能得到锻炼，从而促进血液循环，加强心脏的功能。此外，游泳池的水温一般低于体温，对皮肤的寒冷刺激可增强机体对气温变化的适应能力，所以游泳还可以预防感冒和呼吸道疾病，例如扁桃体炎、支气管炎、肺炎等。游泳时必须注意的是游泳池的水温不能太低，太冷的水会使血管急剧收缩，血压会突然升高，严重时有可能导致心脏病或脑中风等意外；入水前一定要做好准备活动，如做徒手操、体操、慢跑等活动，使身体发热，微微出汗后再入水；游泳入水不要过猛，动作要缓慢，距离不要过长，以免发生头晕、恶心、呕吐等不良反应。

科学运动是强身健体最有效、最安全的方法。现代运动心理学的研究也证明了劳动与运动对保持健康和提高器官生理功能的重要性。适当的劳动和运动可以促进新陈代谢，延缓衰老的过程。那么，我们如何通过运动来保持健康呢？

第一，不同年龄段女性可以选择不同的运动方式。比如，20 岁运动对激发青春活力、保持魅力风采将有很大帮助。宜游泳、骑自行车、爬山、打球或跑步等。30 岁运动可强化骨骼，宜快步走、跑步或一些负重运动等。40 岁运动锻炼肌肉，赶走脂肪，宜举哑铃，增加肌力的效果就不错。

第二，不同人群适合不同的运动方法。比如，瑜伽除了有心脏病、高血压或是哮喘的女性以及处于生理期的女性，其他人一般都可以练。太极适合工作压力大的女性，有毅力坚持下来的女性。

运动可以给你带来活力。如果能够坚持跑步或骑单车等运动 30 分钟以上，就会达到所谓兴奋的状态。人在这种状态下，会感到类似服用海洛因或吗啡等药物产生的快感。产生这种快感，是因为人体分泌了一种特殊的荷尔蒙。据说，这种荷尔蒙对于治疗忧郁症有特别的疗效。没有任何副作用，就能让身体感受到快乐和幸福，世上哪有比这更好的事呢？也许正是因为这样，喜欢运动到浑身是汗的人，总是看起来精力充沛。他们从来不累积压力，而是用运动的方式来释放压力，因此不会显得度量狭小，态度也更为积极向上。所以，运动能使你的身心都得到锻炼和愉悦，它会使你永远年轻。

2

心理养生是女人不老的秘密

相信天底下所有的女人都不愿意变老，但随着时光的流逝，谁都不可避免地走向衰老，而心态好的女人就不容易老。研究表明，人的心理活动和人体的生理功能之间存在着内在联系。良好的心态可以使生理功能处于最佳状态，反之则会降低或破坏某种功能，引发各种疾病。俗话说："吃饭欢乐，胜吃良药。"这就是说良好的心态能增进食欲，有利于消化。心不爽，则气不顺，气不顺，则病生。

心理养生是女人青春不老的秘诀。人的心理活动，总是和人的全面心理状态相联系，和人的健康状况相适应的。所以，健康不仅仅是指躯体上没有疾病，还应当包括心理和社会适应能力等方面的健全与最佳状态。这就是说，人的健康应包括躯体健康和心理健康两个方面。一个人只有身体与心理都健康，才称得上是真正的健康。身体健康和心理健康紧密相连，没有心理上的健康，也就不会有真正的身体健康。生活中，能否保持旺盛的精力和愉快的心情，对于我们的身心健康非常重要。一个人的精力不足，或者精力不稳定，不仅难以快乐地生活，而且会影响健康。成功的人有足够的精力去面对众多的人和事，而精力不足的人面对过多的事务就会感到烦心、倦怠。因此，女人要会调节自己，要经常保持愉快的心情。

周琳是某公司的副总裁，在外人眼里，她是一位端庄精干、有气质也非常骄傲的女性。因为她讲话速度特别快，周围的人和手下员工，都觉得和她交流有压力。

她当领导好几年了，因为做事能够坚持自己的原则，在人际关系方面有点欠妥，不能做到收放自如。最近她的上司高升了，公司要从她和几位副总裁中提一位总裁。论能力，她在几位副总裁之上。可是因为人缘欠佳，她的票数很低。更让她想不到的是，被提升的副总裁，除了会处关系外，哪里也不如她。这让她感到很郁闷。

一连好多天，她都不能像以前那样，打起精神来工作。每天一进公司的大门，她的心就发慌，到了吃饭时间，没有一点食欲。几天下来，好端端的一个人，变得沉默寡言，不到不得已时，绝不多和别人说一句话。

直到有一次，她因为工作上的事情，竟然和上司大吵起来，还在一怒之下提出了辞职。事后虽然她为自己的行为向上司道了歉，但从那以后，她的话更少了。令她苦闷的是，她的头发开始大把脱落，晚上也开始失眠。下班回家后，经常因为一点小事就和丈夫、女儿吵。现在，丈夫和女儿能躲就躲她。

有一次她到女儿学校开家长会，得知女儿最近成绩下降得厉害后，突然觉得活着没意思，想到工作上的诸多不顺，在家里也不被亲人理解，她居然有了厌世情绪。不到半年时间，她的头发白了大半，身体也大不如从前。

后来她感觉身子不适，到医院一检查发现，身体得了好几种病，若不及时治疗，甚至威胁到生命。听到这消息后，她感到天要塌下来一样，回家后看着自己憔悴苍老的丑陋面容，就想以死来解脱。她选择了吃安眠药自杀，幸好女儿及时发现，她才捡回一条命。后来在公司的配合下，她进行了将近一年的心理治疗，情况才有所好转。

从上面的事例中，我们发现，心理健康对一个人健康的积极作用是任何药物都无可替代的，同样，恶劣的心理对健康的危害则犹如任何病原体。每个人都愿意处于一种欢乐与幸福的生活环境中，然而，生活是错综复杂、千变万化的，并且经常发生一些令人不快的事情，不能因为一时的挫折就心情抑郁，看什么也不顺眼，调整好心态是最重要的。现如今的社会环境复杂多变，有心理问题的女性在复杂多变的情况面前，往往显得不太坦然，甚至惊慌失措，一筹莫展。而心理健康的女性则能与现实保持良好的接触，对周围的事物常有清醒的、客观的评价。对生活中各方面的问题、各种困难和矛盾，能以切实的方法加以处理，处处表现出积极进取的精神面貌，从而能较顺利地适应社会环境的变化。因此，只有能够保持心理平衡的女性，才是真正地掌握了开启健康之门的金钥匙，才掌握了生命的主动权。

健康的心理是我们工作、学习、生活的重要保障，只有心理健康，我们才懂得更好地去享受生活，享受人生。

3 熬夜是美丽的最大杀手

在我们的生命中，大约有三分之一的时间在睡眠中度过。睡个好觉，会让我们感到神清气爽,充满活力;相反则无精打采,神不守舍。因此,熬夜必然导致女性朋友们体能与精力明显下降。劳累过度还会造成阴阳失调,带来不良后果。

熬夜会破坏人体分泌系统和神经系统,导致皮肤干燥、弹性差、缺乏光泽、暗疮、粉刺、黄褐斑、黑斑等问题。许多女性朋友为了工作,为了家庭不得不很晚才睡,可熬夜很容易给女性朋友带来诸多不利影响,如感觉疲劳、精神不振、抵抗力下降,而且还会出现体力透支和体内缺乏矿物质、维生素等微量元素,使人体处于严重的亚健康状态。另外,由于免疫力的下降,身体很容易受到细菌侵入,易感冒、易拉肚子等。正常规律下,人们都是白天劳作而晚上休息,这样才能支持人一天的工作,而熬夜者的交感神经却是夜晚兴奋。熬夜后的第二天白天,交感神经就难以充分兴奋了。这样就使人在白天没有精神、头昏脑涨、记忆力减退、注意力不集中、反应迟钝、健忘以及头晕、头痛等。时间长了,还会出现神经衰弱、失眠等问题。长期熬夜最累的就要属眼睛了,因为只要你工作,它就是睁着的。所以很容易出现眼睛疼痛、干涩等问题,甚至使人患上干眼病。此外,眼肌的疲劳还会导致暂时性视力下降,严重的可患上一系列的眼疾,所以这必须引起女性朋友的注意。对此,最好的办法就是睡眠充足。

充足的睡眠是恢复精气神的重要保障,工作再紧张,家里的烦心事再多,到了该睡觉的时候也要按时休息。很多人都会有这样的体会,当你睡眠不足时,第二天就显得疲惫不堪,无精打采,头昏脑涨,工作效率低,但若经过一次良好的睡眠之后,这些情况随之消失。曾有人形象地说睡眠好比给电池充电,是“储备能量”。确实,经过睡眠可以重新积聚起能量,把一天活动所消耗的能量补偿回来,为次日活动储备新的能量。在极度疲劳时,哪怕只是 10 分钟的小睡,也能让你像加满油的汽车一样动力十足。一个人如果长期缺乏睡眠,处于过度疲倦的状态中,机体就会产生耗气伤血的病理变化,损及五脏。心劳则血损、肝劳则神损、脾劳则食损、肺劳则气损、肾劳则精损,进而为许多疾病埋下祸根。

现实生活中,尽管很少有人会主动“经久不眠”,但相当多的人却在自觉不自觉间，日复一日地加班加点，或上网、玩游戏、看电视、看书，或忙于人际应酬，剥夺了正常的睡眠时间，导致睡眠不足。要知道，长期睡眠不足与经久不眠，是“五十步”与“一百步”的关系，对健康的损害只是程度不同罢了。因此，我们一定要用好睡眠这剂“补药”，善待身体，善待生命。

对女性来说，睡眠除了与健康密切相关，还对美容养颜起着关键作用。所以，女人要想美丽，睡眠充足也是关键，每天至少要睡 8 个小时。只要睡好了，可以消除皮肤的疲劳，使皮肤细胞的调节活动处于正常，可以延缓皮肤的老化。让自己选择最佳的时间，养成合理的睡眠习惯往往会收到事半功倍的效果。

4

简单动作练就魔鬼身材

美丽是女人一生的事业，拥有“天使面孔、魔鬼身材”几乎是所有女人的梦想，爱美的现代女性更是以此为目标前赴后继、乐此不疲。人人要长天使般的面孔有点困难，但要练出魔鬼身材却是完全可能的。什么叫魔鬼身材？完美的女性身材应该是 S 型的！也就是说，从侧面看：从胸到腰，从腰到臀，是个流畅的 S 曲线。

超级名模克劳迪亚·希弗风姿绰约的秘密来自她完美无比的体态。她那亭亭玉立的身材不知羡慕死多少人，可是你知道吗，每天只要你做一分钟，同样可以使你的身材纤瘦苗条，她能做到，你也行！具体做法就是两肩向后，伸拉脊椎两边的肌肉。第一步：两腿分开站立，脚尖向前；两手向后交叉相握，掌心向内。第二步：背部挺直，上身向前弯曲至与臀部垂直。第三步：上身尽力向下弯曲，同时，交叉相握双手向前伸展，保持15秒；双手下垂，恢复站姿。

美丽纤细的腰身，是每个女人的梦想。因为姣好的身段更容易吸引别人的目光，让人产生愉悦感，从而为自己的魅力大大加分。因此，仅有漂亮的脸蛋儿是不够的，身材更显重要。女人的好身材就像是一道永远亮丽的风景，使女性魅力分外生辉。不过，美女不是凭空产生的，适当的健身是必不可少的。凸凹适中、玲珑有致的曲线美是千百年来评定女性形体美的根本。现代女性对自己的要求更是到了精益求精的地步，有的甚至不惜借用药物和手术的方式来实现自己对完美身材的渴求。因此，先看看你的体形标准吧。美女并非就是个子高。娇小的女人若具有标准的三围尺寸，一样婀娜多姿。

(1)身高体重。一般的标准体重，是以身高减100再乘以0.9计算的。如身高155厘米，标准体重是49.5千克。

(2)上下身比例。以肚脐为界，上下身之比为5.4。

(3)三围。测量体前髋骨平行于臀部最大部位，髋围应比胸围大出4厘米，若身高为160厘米的女性，胸围应为84厘米。

(4)大腿围。测量大腿的最粗部位，大腿围应较腰围小10厘米。

(5)小腿围。测量小腿最饱满处。小腿围较大腿围小20厘米。

(6)脚踝围。测量脚踝最细部位，脚踝围应比小腿围小10厘米。

(7)手腕围。测量手腕最细部位，手腕围应较脚踝围小5厘米。

(8)上臂围。测量肩关节与肘关节之间的中部，上臂围要等于大腿围的一半。

(9)颈围。测量颈中部最细处，颈围应与小腿围的数据相等。

(10)肩宽。两肩峰之间的距离应等于胸围的一半减4厘米。

(11)腿长。从臀部最高峰到地面的距离为身高的一半为标准,超过一半者为最好。

(12)双腿围。双腿并拢时,直且有弹性,双腿最粗的部位小于臀围,才是最理想的。

如果你的身材不合乎标准,从今天起,你就开始利用节食、运动、体操和沐浴等方法来锻炼自己的魔鬼身材吧。为此,你还要制订一个好的健身计划,它包括:

(1)美胸。

人体三围中,第一围即胸围。现代的女性对完美胸部常有误解,认为胸部越大越美丽。其实大的胸部并不能称为美胸。以古典的黄金比例来衡量:当两手自然下垂时,乳峰的位置是相互对称,而且位于上手臂的中央,乳峰两点和锁骨的凹洞互相连成正三角,富有弹性且饱满,即是完美的胸型典范。常见问题有小乳症、乳房肥大、下垂、干瘪、不对称等。

(2)美腹。

腹部健美与否,直接影响着形体的美,躯体之所以美,是因为上腰身部有凹点,下腰部又柔和地向臀部扩张,正是这种变化,使人的曲线有了美感。常见问题有腰部脂肪堆积过多,小蛮腰就会变成水桶腰,影响体态美观。

(3)美背。

漂亮、性感的背部,从整体印象上来讲要直挺而有曲线,既要有合适的肉感来展现丰满,也要有两片美丽的肩胛骨来突显骨感,同时洁净光滑的肌肤也是衡量美背必不可少的标准。常见问题有:驼背,又分为少年性驼背、职业性驼背、老年性驼背和病理性驼背,及粗大毛孔等。

(4)美臀。

臀部在女性人体美当中由于其性感特点突出而占有重要地位。从侧面看臀部与腰部腿部的连接处曲线明显弯曲。从背面看臀部成两个完善的圆形,臀部向后突起而无下垂,皮肤光滑坚韧富有弹性。常见问题有:脂肪沉积臀部松弛下垂;臀部宽扁等。

(5)美腿。

玉腿美无论在着装的情况下还是在裸露的情况下都对异性产生很大的诱惑力,同时对于女性整体美的身材、轮廓、曲线等都很重要。腿部外形圆润,无松弛肌肉和皮肤,皮肤有弹性。常见问题有:X型腿、O型腿以及脂肪聚集和皮肤松弛。

总之,一个完善的锻炼计划应使每个锻炼者能从中获得最大的收益,并且明确锻炼怎样开始,从哪儿着手,每一步该做些什么,从而顺利地进行锻炼。由于先天条件的不同,不可能每个女人都拥有一个腰部与腿部纤细修长、胸部与臀部丰满圆润的好身材。因此,要想拥有好身材,就要根据自己的体形对症下药,选择适合自己的健身方式。下面就为拥有不同身材的女性提供几种切实可行的健身方法:

(1)苹果形女性。这种身材的女性适合搏击操、水中有氧操、腰腹操等健身运动。

苹果形的女性通常手臂和腿部较细,而腹部、腰部和上臀部则较粗。可选择体操、游泳、跑步等全身性运动,也可以选择哑铃操、仰卧起坐、仰卧举腿、俯卧抬头等局部运动方式。主要是着重四肢力量的练习,不要把时间浪费在锻炼腹肌上。

(2)梨形身体的女性。这种身材的女性适合街舞、踏板操、拉丁健身操等健身运动。

梨形女性其脂肪主要堆积在臀部和大腿。可选择低强度、低撞击和增强耐力的健身方法,如跳绳、跳低撞击舞、在平台跑步机上行走等,就能消除这些部位的脂肪。要避免大阻力运动,如上坡、爬高、跳高、撞击舞、骑高阻力单车等,这些运动会令下肢变得更粗壮。

(3)铅笔形女性。这种身材的女性适合杠铃操、瑜伽等健身方式。

这种身形的女性通常有细长的四肢和瘦削的躯干,但缺乏强壮的肌肉。可选择任何方式的运动,但运动量应由轻到重循序渐进,跑步、游泳、体操都能使全身肌肉变得均衡。如果能辅以强壮四肢及腹部的局部运动,再加上饮食调理,身材将会变得更为匀称、可人。

(4) V 字形女性。这种身材的女性适合爬楼、动感单车、瑜伽等健身运动。V 字形的女性上身较大,腰部有点臃肿而臀部较瘦小。可进行爬高、踏板、有氧操和跑步等锻炼,避免做诸如俯卧撑、举重等使上身强壮的运动,可用下蹲或跨步来强壮下肢,使身体上下部分的比例变得协调。

5 感受 SPA,让美丽和健康深呼吸

什么是 SPA? 如果在几年前,国人中几乎没有谁知道它为何物。即便是有人曾经听说过,但也只是似懂非懂,不知所以然。而现在只要看看街上如雨后春笋般开起来的 SPA 馆以及美容院广告里打出的招牌项目,便可感知到它的热度。SPA 是指利用水资源结合沐浴、按摩、涂抹保养品和香熏来促进新陈代谢,满足人体视觉、味觉、触觉、嗅觉和思考达到一种身心畅快的享受。目前业界的说法认为,SPA 是由专业美疗师、水、光线、芳香精油、音乐等多个元素组合而成的舒缓减压方式,能帮助人达到身、心、灵的健美。

SPA 这种休闲美容方式的历史很久远。在 15 世纪欧洲的比利时有一个被称之为 spau 的小山谷,山谷中有一个富含矿物质的热温泉旅游、疗养区,当时有许多贵族到这里来度假疗养,这就是 SPA 最初的形式。18 世纪后开始在欧洲贵族中风行开来,成为贵族们休闲度假、强身健体的首选,20 世纪末在欧美民间社会又重新掀起了 SPA 热潮,并于 21 世纪初传入亚洲各国。SPA 早期仅是以具疗效的温泉和矿泉区为主,至今演变成一种人人都可享受,并且集休闲、美容、减压于一体的休闲健康新概念。这样的演变

是随着时代潮流的推进以及现代人对休闲生活的日益重视而形成的。

现代的SPA关键是水资源及水设备，常见的有桶浴、湿蒸、干蒸、淋浴及水力按摩浴等，也常常选用矿物质、海底泥、花草萃取物、植物精油、按摩油等来作用于人体。现实生活中，SPA具有以下功效：美容美颜、放松身体、舒缓身心、健康皮肤、治疗疾病等。SPA有不同的主题诉求，有的偏重放松、舒缓、排毒的疗程；有的以健美瘦身为重点；还有的重在芳香精油、海洋活水或纯草本疗法等。但无论是哪种类型的SPA，都不脱离满足客人听觉（疗效音乐）、嗅觉（天然花草薰香）、视觉（自然景观）、味觉（健康餐饮）、触觉（按摩呵护）和感觉（内心放松）等6种愉悦感官的基本需求。

关于SPA水疗，我们需要了解的就是音乐、香薰、茶等相关细节。音乐是SPA的灵魂，让你在浪漫、绮丽的梦幻中，休养身心。音乐让女子SPA更深透，更舒适，让生活成为一个永恒的乐章。植物精油的历史源远流长，最早可追溯至古代埃及和中国。不同的香薰在SPA过程中起到不同的作用。比如，薰衣草的浓郁香气，可以令人感到安宁、镇静，具有洁净身心的功效；玫瑰精油的香气可以舒缓神经紧张和压力，抚平情绪，使女性对自我产生积极正面的感受。精心调配的清茶也对整个SPA过程起着不小的作用。比如，花果茶不仅可以舒缓身体的紧张，还可以在SPA进行过程中将毒素排出体外，洁净身体，放松心灵。

总之，SPA的愉悦身心，为内心囤积的压力、疲惫、惶惑找到一个出口，令人的身、心、灵达到和谐与平衡的享受。身、心、灵皆美是现代身处亚健康状态的都市人的梦想。SPA吹来的怡人芳香，正是从身、心、灵上给人以关怀和抚慰，呵护你的容颜、关爱你的心灵，让你由内至外充满生机、神采飞扬。

在这里，我们再教给大家一个简单的盐水美容按摩法。用食盐加水再配合按摩的美容、健身方法，既安全方便，又效果更理想。每天自我按摩，能清除皮肤表层的脱落细胞和皮孔中的多余脂肪与污物，既能促进新陈代谢，又使皮肤呈现出一种透明感。颜面美容按摩是预防颜面皮肤老化的一种手法,能增强皮肤和皮下组织中的血液循环,改善皮肤的营养状态,增强皮肤弹性和光泽;细小的皱纹得以舒展,使皮肤变得细腻,有光泽,显得年轻。盐水自我按摩美容方法如下:

(1)用一干净的小碗,放入 1 至 2 小匙精盐,加水约 10 毫升,将盐溶化待用。用肥皂洗净双手,用头巾把头发包好,对着镜子坐下把脸擦干,用手指或小棉花棒蘸上溶化的盐水,涂抹脸上。注意不要涂在眼睛周围皮肤。待干后按摩。

(2)用右手中指指腹先按摩两眉头中间的印堂穴,以顺时针方向旋转按揉 100 次。然后双手中指指腹按压两唇之间,按压处自下而上,推运额部至前发际处,再由额部自上而下,反推至两眉间。如此重复上下推运 10 至 20 次。双手中指再由前额中间向两侧颞部推运,再反推运至额部中间。如此重复推运 10 至 20 次。

(3)用双手中指或拇指指腹先轻微指压太阳穴(眉梢与眼外眦之间向后约 3.3 厘米处)约 1 分钟,然后双指相对旋转按摩 100 次。再用两侧中指指腹由太阳穴起,沿眉下推运到眼内眦,由内眦经下眼眶推运至眼外眦。如此按揉眼圈重复做 10 至 20 次推运按摩。再双手掌根轻微按抚两侧眼窝(两眼要轻轻闭合),轻轻施力,做相对旋转按摩 50 次(以防眼睑和眼袋下垂)。

(4)用双手中指和环指指腹从下至上挑起眼外眦的鱼尾纹,左右两侧各挑起 10 至 20 次。

以上以指腹按摩手法应避免损伤皮肤,要忌用重捏、爪抓、爪切、猛指压以及用蛮力提捏等手法。宜用轻按、轻揉、轻运、轻推,以避免皮下组织受强力按摩而损伤,导致皮下淤血与皮肤松弛。

(5)用双手掌面按抚在两侧面颊部,用轻推运法在面颊部由里向外、从下往上推揉面部肌肉 10 至 20 次。然后再用双手的食、中、环指指腹,轻轻叩打颜面肌肉,边叩打,边逐个移动手指部位,做短而连贯有节奏的轻敲,能增强肌肉的弹性。

(6)用双手食指及中指指腹,以轻推运法由鼻唇沟沿鼻两侧向上移动，再用环指和小指在前额部轻微施力抚压。注意施力抚压时，皮肤表面不移动。

(7)用拇指指腹及食指第二节桡侧面成捏夹式，顺着口轮匝肌方向轻轻捏揉，不能用力过大和牵拉太重。适用于干性皮肤。以增强血液循环，减少皱纹，增强弹性。

(8)双手五指分开，用干梳法，将头部由前向后，梳头 20 至 40 次。

按摩完毕后，用自来水冲洗脸上的盐水。然后再涂一些营养液、营养乳和营养霜，保持皮肤湿润。

6

减肥瘦身，爱美一族的健身秘籍

减肥，是现代男女老少共同的话题。特别对现代女性而言，恐惧肥胖已经成为一种普遍心理。现在到处流行各种减肥药和减肥操，说明减肥已经成为身体革命的手段。

如果说美丽是流行的原罪，真的是一点也不为过。女人为了美丽而减肥的需求，甚至已经从减重、瘦身到了“塑身”的新阶段。从卡路里斤斤计较到新陈代谢率的准确计算，如何善待自己身上的脂肪排序，成了当下女性的“数字”革命了。而流行趋势则一直强化时代美女的标准，从具有骨感的娇娇女，到模特儿展示的修长身材，已是大家共同的审美观，女人对形体的要求便愈发精益求精，永无止境。

最近一份“减肥，离你有多远”的调查表明：近 87%的女人重视瘦身运动，而 32.2%的人更是持很重视的态度，瘦身已然成了全民运动。减肥、瘦身,成了一场长期战争:你吃得多,它就长得多;你运动量大,它就长得粗。药物、手术、运动、食疗,统统上场,可以毫不夸张地说,这儿凝聚了无数女人的智慧和辛劳。为美而付出的代价,恐怕虽不能惊天地,泣鬼神,也足以书写历史,永留史册了。昔日的减肥史,是女人痛苦的历程,今天有了我们为你搜肠刮肚,精心挑选的全套减肥秘籍,相信你定能快快乐乐、轻轻松松地圆梦。下面是流行于当今生活的几种减肥方法,大家可以因人而异选择适合自己的方法。

(1)洗澡减肥法。

常洗热水澡或温水澡,是通过排汗达到减肥的目的。这种方法既舒服,又爽快,是一种轻松的减肥之道。

热水或温水浴,使体温上升,升至38度,人开始排汗。出汗使得体内的大量水分排出体外,同时消耗大量的热量。如果进行盆浴或是浴池浸泡,消耗的热量更多。当然要掌握时间和方法,还要注意饮食与运动,这样才有减肥的效果。

(2)按摩减肥法。

按摩能促进身体热能的消耗,有助于减肥。介绍一种腹部按摩法——仰卧在床上,按摩者以肚脐为中心,在腹部写一问号,沿问号按摩,先左侧,后右侧,按摩30至50下,每日按摩一次。这种按摩法,不仅可以消耗能量,还可以促进胃肠的蠕动,增加排便次数,使多余的营养及时排泄出来。

(3)拍打减肥法。

这种方法的减肥原理和推脂是大同小异的,方法是:五指并拢,不断以手背有规律地拍打想瘦身的身体穴位,直到皮肤发红,手法是手指的关节处要弯曲,拍打的节奏要温和有规律。如果不用手,可以用其他的圆柱状的东西代替,拍打时用力小一些。

(4)指压减腹法。

全身最容易胖起来的部位,大概就是小腹吧!为解决这一难题,推荐每天进行指压,伴之以节食和运动,定会收到意想不到的效果。

腹部的烦恼是腰围太粗。其最大原因就是腰部脂肪的堆积;其次就是小腹下坠。30 岁以后,大多数人的脂肪都容易沉积,尤其是女人生完孩子之后,都避免不了这种情况。细腰的指压点在腰部,消除小腹下坠的指压点在小腹,如能同时进行,腹部定会大有改观。上下一般粗,再加上小腹下坠,会让人觉得其胖无比。指压简单的方法是这样的:

细腰的指压点在后背的腰部,脊骨两侧 2 点,由此向外一指宽处左右各 1 点,然后再向外一指宽处也各有 1 点,共计 6 点。两手放于腰部,将大拇指的指肚放在离脊骨最近的指压点上,左右同时压 3 秒。数过 3 秒后松手,移向下一指压点。这样一直压到最外侧的指压点上,用力越大效果越好。

消除小腹下坠的指压点为:肚脐正下方 5 指宽的 1 点及其左右各一指宽的 2 点,共计 3 点。将两手的三根指头(食指、中指、无名指)并拢,由右向左依次压这三个指压点。每压一下,应数过 5 秒后再松开,然后移向下一指压点处,压的时候不要太用力,自己感到舒服即可。

(5)有氧搏击法。

对现代人来说,有氧搏击操是种好玩而不伤害任何人的发泄法。因为健身者不是跟别人搏击,也无需任何器材,而是利用身体面向镜子向空中挥拳。有氧搏击操不但运动量大,能够帮助健身者消耗卡路里,对促进心血管健康也有所帮助,同时也可缓解身心压力,很适合现代人。

第十一章

展示个性,时尚生活:时尚女性具有独特的个性气质

时尚女人喜欢表达个性,也喜欢不断地尝试创新,喜欢和别人不一样的感觉。久而久之,越来越富有个性,反而越来越产生独特的韵味和气质。个性是时尚女人的内涵,是魅力女人的一种精神,是鲜活的社会符号。一个女人只有表现出与众不同的个性,才能符合现代潮流的美丽标准,才能成为一名气质佳人。对于女性来说,个性是一笔财富,拥有时尚独特的个性,会使你一辈子受用无穷。

1

时尚首饰，女人的最爱

“一半是女人，一半是饰品，加起来才是真正美丽的女人”。这种怪论，可能您还没有听说过。但是，时尚社会发展的潮流，正在验证这种说法。您看看时装展示会T型台上光彩照人的模特，您再看看街头楚楚动人的靓女舞动的裙裾，您在欣赏她们的风姿绰约、仪态万千之时，您又看见了什么？那不经意间流露出的时尚饰品，是不是牵走我们更多的视线，让我们为之顾盼不已，为之钦羡和赞誉，为之追捧模仿……这就是时尚饰品的魅力。时尚饰品主要体现在设计精美、玲珑精巧，新颖别致。时尚饰品一个重要的特点是能够紧密配合时装潮流的走向、及时反映时尚流行趋势，其与时装相结合，更是求得互相衬托、相得益彰的美化效果。时尚饰品之所以得以快速流行，还在于其价格合理适中，而受到大多数人的青睐。时尚饰品已经像服装一样，成为时尚女性生活不可缺少的一部分。在西方，许多贵妇人，甚至总统夫人也戴时尚饰品。那么，如何挑选适合的饰品呢？下面教你几招：

项链：项链要与脸型相搭配。脸清瘦且颈细长女性：宜单串短项链。脸圆且颈粗短女性：宜细长项链，项链中间有一个显眼的大型吊坠，效果会更好。椭圆形脸女性：宜中等长度的项链，这种项链在颈部形成椭圆形状，能够更好地烘托脸部的优美轮廓。另外，对于项链的选择，价格并不是主要的因素，而是要根据佩戴者的年龄、肤色、服饰为着眼点。比如说，年纪大的人应以质地为准，工艺精细的金、白金的项链为好；而年轻人更注重款式、颜色，如骨制、珍珠制项链等为好。

耳环：娇小身材者宜戴蝴蝶形、椭圆形、心形、圆珠形的耳环。方形脸宜圆形或卷曲线条吊式耳环，可以缓和脸部的棱角。圆形脸宜长条形耳环，在视觉上可以造成修长感，显得秀气。心形脸宜大圆形、三角形等式样耳环。三角形脸宜上窄下宽的悬吊式耳环，使瘦尖的下颌显得丰满些。

手镯与手链：戴一个手镯的话，应戴在左手上；戴两个时可每只手戴一个，也可都戴在左手上。戴三个手镯的话，应都戴在左手上。手链一般只戴一条。手镯与手链可视情形而戴，它是可有可无的饰品。如果是白领女性，大有不戴的必要。出入写字楼，戴手镯，很有点不伦不类，而手链由于娇小，佩戴则会较好一些。女性朋友可以酌情选择。

皮包：肩挂式皮包适合上班族，以及平日出游、逛街时携带。它具有轻盈、便捷的特点。平拿式皮包适合宴会、正式场合，突出的特点是豪华、时尚。这种包是女性职业、身份、社会地位及审美情趣的“名片”。平提式皮包适合出游、休息时携带，它具有休闲、随意的特点。要注意的是，携带时最好注意一下皮包的款式与颜色和服装是否相配。

时尚女人之所以出众和迷人，除了修养和气质之外，还在于她们对时尚流行的敏感度。在当今社会，竞争不仅是才能的竞争，更是个性的竞争。饰品可谓装扮迷人女人的必备武器，它可以让女人的颈项变得迷人万千；它可以让女人的指间变得璀璨夺目；她可以让平凡的女人得到别人的关注；她可以让耀眼的女人更显魅力。饰品与女人有着几世的纠缠，无论是低调复古还是彰显骄傲的奢华配饰，都让女人倾心不已。如果，当男性为了讨好心爱的女人而无计可施时，不妨精心挑选一种适合她风格的饰品，她必然会对你刮目相看，这就是它的魔力！

2

理财有方，巧用信用卡

在这个财智社会，你是一个美女、才女还不够，想做一个独立自主的现代女性，你还得是一个财女——高财商的女性。你不仅要懂得赚钱，还要懂得理财，学会投资，学会科学消费，为自己计划一个安全美好的未来。

在女性的日常理财中，如何使用好信用卡也是大有讲究的。不仅要使用好信用卡的免息还款期，充分享受由此带来的便利，更要关注信用卡的投资功能，如有些信用卡可以根据资金使用的情况设计最优存款组合方案，代客户安排卡内资金的存期结构，完成活期和定期存款的互转等；有些则通过信用卡账户与基金账户的关联，以货币市场基金充当支付工具。在日常办理和运用信用卡的时候，女性应该充分关注这些功能。

理财的目的不是抑制消费，而是要做到理性的消费——既能满足购买欲，又不至于花费过度，同时还要有足够的备用金。为了做到这一点，女性在日常理财中最为重要的就是要保证理财产品流动性和收益性的均衡，在收益性相当的情况下，更要关注资产的流动性。由此看来，选择货币市场基金应当是一个不错的选择。对于一名“月光族”来说，可以采用定期定投的方式，强制自己进行投资。如果有多余资金的话，还可以适当关注国债以及人民币理财产品。

不少女性对自己没信心，对理财心存恐惧。身为e时代的女性，不但在经济能力上不输男性，在理财上也可以迎头赶上。只要肯多花一些心思，建立起理财上的信心，你会在理财领域上表现得更好。女人在家庭财务管理和决策中的角色，可能有三种：第一种是家庭收入的主要支柱或支柱之一，也是家庭支出和投资的决策者；第二种是家庭收入的次要角色，但是是家庭财务支出和管理的主要角色；第三种是在家庭收入方面是从属角色，在家庭投资方面是非主要决策者，但在家庭支出方面有决策权。贤惠的妻子做到既是理家的一把好手，也是理财的能手，并不是容易的事。生活在当今经济飞速发展的年代，各类物品价格的上扬，生活消费水准的提高，孩子教育费用的增加等，都使得妻子在用每一分钱的时候都要精打细算。开销大于收入的妻子无疑是个脑筋糊涂、奢侈浪费的妻子。她不会使丈夫得到欢颜，这样的超越能力消费，虽然可能使她的外表被装饰得华贵，但不会动人。假如你还没有养成计划用钱的习惯，从现在开始就应当学习如何处理家庭财务。

作为女人必须管好自家的钱财，要为后半辈子和子女教育筹划。从现在开始，你就要消除自己在理财心理上存在的误区，把自己修炼成一个新财女。强烈建议那些不理财的女士弄懂如下问题，跳出如下理财误区：

(1)自己将和丈夫长相厮守，相伴一生。越来越多的女人要么离婚，要么单身，很多女人比她们的丈夫长寿，女人的工资比男人低，得到的退休金和社会保险又很有限。这种觉得经济收入和理财靠丈夫的观念会影响你的成长，同样也会危及到你的经济安全。

(2)理财太复杂，琐碎，太令人头痛了！理财比你想象的要简单。况且你在家中省的或赚的每一分钱和在外工作所赚的那一分钱等值。

(3)我没有多余的钱来做任何改变，所以根本没有必要来学习怎样理财投资。这个理由使女人永远都停滞不前。但事实是并不是所有的百万富翁在刚开始时就是富有的。仔细计算一下你的花销，通常都能挤出一部分钱来进行投资。如果你真的觉得有经济困难，读一读《富爸爸，穷爸爸》，或登录一些理财网站，里面会有一些方法来教你怎样减少消费，腾出钱来进行投资。一旦开始，你就会发现好多事情都在你的控制之下。

(4)我没有足够的时间来打理我的钱。很多女人都认同这一点。我们有这么多的责任和工作，我们根本就没有多余的时间。但是，如果你拒绝掌握你的经济命运，那么别人(政府，税务局，银行，保险公司，券商，房地产商，甚至亲友和丈夫)会替你掌管，你要知道上面罗列的单位可是你人生理财一盘棋的对手，你不动手，他们可不会闲着，总惦记着从你的口袋里多赚几个，你能指望他们会全心全意为你服务吗？如果希望美梦成真，就取决于你自己了！

(5)我想依赖丈夫，他赚的钱多自然有话语权。许多女性往往把自己的未来寄托于找个有钱的老公，平时把精力都用在穿衣打扮和美容上，却忽视了个人创造、积累财富能力的提高。俗话说：伸手要钱，矮人三分。许多女性凡事都依赖老公，认为养家是男人天经地义的事情，自己只要管好家就行了。长此以往，必然会受制于人，女性在家里的“半边天”地位也就会发生动摇。所以，作为现代女性，应当不断为自己充电，掌握理财和生存技能，自尊自强，在立业持家上展现“巾帼不让须眉”的现代女性风采。

(6)随大流避免理财损失。许多女性在理财和消费上喜欢随大流，常常跟随亲朋好友进行相似的投资理财活动。比如，听别人说参加某某集资收益会很高，便不顾自己家庭的风险抵御能力而盲目参加，结果造成了家庭资产流失，影响了生活质量和夫妻感情。

3

品味红酒咖啡，提高生活格调

漂亮女人如同怒放的鲜花一般，以绚丽多姿吸引你的眼球，而情调女人则是花蕊中散发出来的芬芳，暗香流动，酒不醉人人自醉。情调女人有些小资，她们喜欢花瓣浴，她们也喜欢香水雨，喜欢与你手牵手地在街头散步，也喜欢和你在情人节之夜吃上一顿烛光晚餐。这就是情调女人，格调与情调共存。情调女人，她可能是月光下一个忧郁的诗人，可能是酒吧里一个狂放的歌者，也可能是写字楼里一边品咖啡一边整理文件的职业女性。只要你愿意，你也可以成为情调女人中的一员。

时尚女性喜欢红酒咖啡，其实喜欢的是一种生活姿态，品味红酒咖啡其实品味的是个性化的体验。高脚酒杯，玛瑙色般的葡萄酒，低眉浅酌，温柔中揉入豪放的娇媚，那是一种典雅、一种傲慢、一种矜持。而女人喝酒成为时尚，多少代表着妇女解放的意味。红酒是有生命的，红酒体现一种温情与温馨。时尚女人要学一点关于红酒的知识：

第一，酒温。冰镇后红酒味道较涩。传统上，饮用红酒的温度是清凉室温，18℃至21℃之间。在这温度下，各种年份的红酒都在最佳状态。一瓶经过冰镇的红酒，比清凉室温下的红酒丹宁特性会更为显著，因而味道较涩。

第二，醒酒。红酒充分氧化后才够香。一瓶佳酿通常是尘封多年的，刚刚打开时会有异味出现，这时就需要“唤醒”这支酒，在将酒倒入精美的醒酒器后稍待10分钟，酒的异味散去，醒酒器一般要求让酒和空气的接触面最大，红酒充分氧化之后，浓郁的香味就流露出来了。

第三，观酒。陈年佳酿的酒边呈棕色。红酒的那种红色足以撩人心扉，红酒斟酒时以酒杯横置、酒不溢出为基本要求。在光线充足的情况下将红酒杯横置在白纸上，观看红酒的边缘就能判断出酒的年龄。层次分明者多是新酒，颜色均匀的是有点岁数了，如果微微呈棕色，那有可能碰到了一瓶陈年佳酿。

第四，饮酒。让它在口腔内多留片刻。在酒入口之前，先深深在酒杯里嗅一下，此时已能领会到红酒的幽香，再吞入一口红酒，让红酒在口腔内多停留片刻，舌头上打两个滚，使感官充分体验红酒，最后全部咽下，一股幽香立即萦绕其中。

第五，酒序。先尝新酒再尝陈酒。一次品酒聚会通常会品尝两三支以上的红酒，以期达到对比的效果。喝酒时应按照新在先陈在后、淡在先浓在后的原则。

此外，时尚女人喝咖啡也是一种情调。情调品位中，渗透着对生活和生命的感悟与理解，在这种前卫与时尚中，蕴含着一种浪漫的情怀。情调是一种生活方式，一种心态，但未必有什么固定的标准。事实上，只要你愿意，每天都可以过着有情调的生活！情调，其实就是在一种庸常的生活中发现另一种生活的精致和美丽，也就是发现了一种可以拥有的浪漫。浪漫，是美好生活的润滑剂，是快乐生活飞翔的翅膀，拥有它，人生就拥有了一个绚丽的天空。当人生阅尽繁华，那时你更渴望一份宁静；当宁静变成一种凝重，那时你更渴望一份浪漫和飞翔，这时，你可以偶尔约上你的好友抑或情人，以闲庭散步的方式到咖啡厅坐坐。即便你不是白领，即便你不懂小资，当你走进咖啡厅时，那种充满浪漫气息的氛围，也会魔术一般将你改变。

偶尔的咖啡情调只是情调生活的一种，爱却是情调生活的灵魂；爱他人，爱世界，爱自己，情调生活的花就会开得无比艳丽！生活中忙碌的女人不要忘记善待自己，享受生活。基于此，生命中偶尔的咖啡情调就显得尤其重要。喝咖啡是需要情调和氛围的，因此在什么地方喝咖啡，与什么样的人一起喝咖啡，以及喝什么样的咖啡，都会对喝咖啡的感觉产生影响。

咖啡文化滥觞于欧洲，在那里你常会见到宽阔的人行道一角，放着几张桌椅，又有几把阳伞挡住直晒的日头，如你有空，置身其间，闲闲慢慢地读本有趣的书或是随意浏览干净的街景和街上流动着的缤纷色彩，你会感觉到一种惬意在心中油然而生；当然更古典的还可找个临河的露天咖啡店，手拥一杯咖啡，眼前恬静的小河和耳边优雅的小提琴曲相互缭绕，足以让人忘却时光。

在柔软的沙发上坐下来，咖啡袅袅娜娜的苦香味沁人心脾。端起咖啡杯，凑近鼻子，眯上眼睛，深深地一嗅，便嗅到了人生的真味；轻轻地喝一小口，那种纯正的苦味，便诠释了人生最初的真谛。因此，喝咖啡的女士们很讲究，她们绝不会偷偷地选在一处角落一饮而尽，因为她们明白喝咖啡不光是一种味觉的享受，主要是一种氛围的享受。这就对场所有很高的要求，半倚格窗，慵懒地望着远方，手里把着一杯咖啡，淡淡地品上一小口，那种醇香伴着意境，让味道和你融成了一幅画；或是在原木的书桌前，交叠双腿而坐，看着报，品着咖啡，让咖啡的香气伴着女人的知性美，荡漾在整个屋里，弥散在整个空间。那种美是忘乎所以的，是超凡脱俗的，让人不忍开口，不忍打破这份纯纯的宁静。

4 音乐绘画是心灵的个性追求

音乐、绘画都是一种心灵的艺术。当你选择好了你所感兴趣的音乐、绘画时，它会时时给你快乐，并引导着你走向充满希望、富有创造性的未来。

音乐可以净华我们的心灵，沐浴在音乐中，可以让音乐洗涤心灵的污垢，拂去心灵的尘埃，让心灵纯净而美好，心灵的尘埃少了，心灵的负担就轻了，这样就可以让我们的心灵飞得更高，飞得更远，可以让我们的心灵与蓝天为伴，高山为邻，采一朵白云，携一缕春风，徜徉在岁月的小溪旁，流连在梦中的江南小镇，驰骋在一望无际的大草原，让悦耳马铃声与歌声和鸣，响彻天空！

音乐的魅力是无穷无尽的，或如高山流水君子之交淡如水，或如梅花三弄婉转缠绵，或如二泉映月哀婉曲致，或如梁祝凄美动人……不一样的时刻，不同的心事和心情，独上西楼，望断天涯，寂寞无处遣的时候，或许，音乐是最好的寄托，依水而立，一曲诉尽无限心事。音乐是天使的语言，它最容易触动我们的心灵，带给我们至美的享受。音乐是高尚的艺术形式，它可以陶冶情操、交流情感，为生活增添魅力。对于大多数人来说，欣赏音乐亦是一种人生的极致。心情不好时听一段钟情的音乐，消磨一个下午，让自己的思绪随着音乐飘荡，缓缓地进入梦乡，一觉醒来，发现烦恼已烟消云散。音乐是一种心境，它会为你的生活装点出神奇的色彩。

音乐给女人以憧憬、幻想、回忆。音乐的暗示就是给女人生命的暗示。丝丝缕缕，缕缕丝丝，多少音符如潺潺的溪流，如春野的鸟，在低低地诉说女人情怀。爱音乐的女人，灵魂被幽幽的短笛招了来，多愁善感。男人多愁善感有点神经质，怪怪的，女人则是天经地义。这种多愁善感是真实的，她掉下的泪是实在的，总能够感人。

绘画也是一门高雅的艺术爱好。绘画艺术是忠实于客观物象的自然形态，对客观物象采用经过高度概括与提炼的具象图形进行设计的一种表现形式。它具有鲜明的形象特征，是对现实对象的浓缩与精炼、概括与简化，突出和夸张其本质因素。画画不仅有了解自己的神奇功效，而且对于心的磨练也有很大的作用。我们熟知的美女当中，有两个是和美术很有关系的。一个是画画的周慧敏，她曾以一幅《新疆老翁》为名的作品，荣获“视艺新纪元奖”；其后又凭作品《望过去，看将来》入围首届“中国水彩人物画展”。不在娱乐圈的日子里，她没有闲着，用画笔尽情地挥洒着自己的才能。另一个是喜欢看画展的张曼玉。在旅居欧洲的日子里，她经常造访博物馆，亲近这些名家画作。在去法国之后，她拍的片子越来越少，却越来越精品。她的演技和气质也得到了很大的提高，这和巴黎这座艺术之都的影响分不开。

亚玲已经快四十岁了，但仍然对生活充满热情，前几年她迷上了油画，因此特意拜了一位老师学习。她的工作也不轻闲，可是她还是一直坚持每周去老师家学习一次绘画，平常有点空余时间的时候自己在家也会画一画，颇为用心。

她跟她的朋友们说：“从前就想学画，很喜欢，可是没有条件，现在有条件了，一定要学一学，今生才没有遗憾。”

如果以我们的偏见，她应该是一个任性、不计后果的女人，可是，她的家庭非常幸福美满。她和先生的感情很好，她的孩子也很听话，她比更多的女人都知道如何打理自己家里的生活，如何使自己和家人生活得更加舒适。她学习油画，刻意栽培自己的特长，只是圆自己的心愿，不想让自己的人生留有遗憾。

亚玲在学习了一段油画后，特意为自己的小家画了几幅，装裱好了挂在墙上，用自己的作品装扮自己的家别提多带劲了。而她的同事、朋友再去她家的时候，发现了挂在墙上的画竟是她自己画的时，都对她充满了敬意，她在朋友们心中的形象则变成了多才多艺。有一次，她们单位举办一个书画艺术展，她的作品还获得了一个奖项，她在单位的名气也逐渐大起来。因为学画画，她也认识了不少趣味相投的朋友，有的时候，她们在一起学画，还可以相互切磋一下技艺，相互品评一下对方的画作，生活一下子多出了不同的味道，亚玲的生活也变得更加多姿多彩。

一个女人的美丽，不是无根之水，所以我们需要一些精神物质上的粮食来吸取营养。美术作品，能扩大我们的心灵视野，感知什么是美。

5

户外运动，感悟大自然的奇妙

户外运动，是当今时尚女人喜爱的活动。其中包括登山、攀岩、悬崖速降、野外露营、野炊、定向运动、溪流、探险等项目。户外休闲运动多数带有探险性，有很大的挑战性和刺激性，能让人拥抱自然，挑战自我。

气质女人可以在户外运动中感悟大自然的奇妙。神奇的大自然，蕴藏着无穷的奥秘，有待我们去探索，去了解。圣奥古斯丁曾说过："世界就像一本书，不去旅行的人只读到了其中的一页。"每一次出行，都是一次心灵的历险、一次文化的探索、一次对历史的追寻。在我们身居的世界中，有许多地方，都在等待你的到来。大自然能给予我们人类的激励、启发和想像是难以胜数的，有些更是无法言传的。一个简单的道理是，人类是从大自然中成长起来的，我们的根在大自然里。人类的思想不足以解释我们日益加重的困境，答案就在大自然里。虔诚地向大自然祈祷，寻求它无言的启示吧。

大自然中，有许多你早已认识而且每天都可以亲眼看见的事物——树木、植物、海洋、山峦、沙漠。大自然中也有许多你可以通过旅游或书籍、影片去学习、了解的事物。但大自然中，还有更多你既不了解，也永远不能亲身体验的事物。如果没有这些，世界就不会存在，无法供养人类和其他生物的存在。你的感官会随着周围自然界的最小的活动而调适；你的感官只容你隐约见到大自然奇妙奥秘的微弱闪光。

生活中人们为名利而奔忙，弄得身心疲惫，却不知道自己真正追求的是什么。我们不妨利用假日走进大自然，当面对高山、大河，面对大自然的美景时，才会顿悟，返璞归真才是自己追求的目标，生命中许多追求并非真的有必要，也不是自己真正想要的东西。一山一水，一草一木，天上的日月星辰，地上的禽鸟虫鱼，都是大自然的杰作。大自然是人类赖以生存的基础，人的生命活动一时一刻也离不开它。大自然是一本无字的书，深入到自然中，游山玩水，看幽谷清泉、奇石怪草，或醉卧草地，或赋诗山间，其中有不尽的乐趣，能让人忘记生活中的种种争斗与心机。

人生活在自然之中，自然界是人生存的摇篮。主动亲近大自然，那些山川草木会给予我们不可缺少的心灵滋养。很多人认为，亲近自然只是局限于名山大川，自己是既没时间也没钱，很少出去游玩，当然也就不能像那些大家那样江山随意点，湖海任我游。事实上只要你留心，你会发现自然与我们是零距离的。追求精神生活的人，一定要拥抱大自然。如果每天散步是你的养生之道，别忘了户外的美景与新鲜空气，它们会提升我们的心灵美感，阳光、蓝天，还有芬芳的泥土，多美的自然！迈出你的第一步之前，请深吸一口新鲜空气，激发活力，然后欣赏今天的天气，无论它是阴是晴、是寒是暑。散步途中，你有没有看到青翠的树、唱歌的鸟儿、盛开的花朵？请让神奇的大自然激发你的活力、治疗你的心灵、提升你的精神。

6 追逐个性，宠物也时尚

无条件地奉献爱，是人类高尚情操的一种。这种爱不应该局限于施予人类，在这个世界，值得我们爱的东西很多。只有我们真心去爱生活中所见到的一切，才能感觉到生活的美好。如果你爱一个小动物，这个小动物就会给你带来愉悦。如果你爱鲜花，当你徜徉在花海，你会因此而流连忘返。因此，现代女性养宠物也很时尚，很个性。

谈到宠物，人们通常会将其与猫、鱼、鸟等许多小动物联系起来。但是时尚宠物市场上新出现了例如蜥蜴、变色龙、蛇、蜘蛛、蜈蚣、老鼠等与我们日常生活中或惯常思维所理解的宠物不一样的“另类宠物”。另外，在网络世界中也有一些虚拟网络宠物出现，不断满足着人们饲养宠物的需要。日常生活的丰富多彩，现代女性对新事物的不断追求，使得各种各样的个性宠物不断出现。如今，宠物一般分为：

(1)植物宠物。

植物宠物，是现代人对富有生命力与启迪意义植物的爱称，特别是指那些能随时带在人们身边，或在居室中时常欣赏到、感受到的植物。富有生命力的植物宠物，对缓解现代人压力，完善社会个体的不健全心理均有极好疗效。宁静的植物历来是冥思者的最佳伙伴，很少有喜欢植物的人会产生心理疾病，因为在人类的概念中，植物是沉默、理性、坚韧、生生不息的象征，与植物产生心灵的交流，便可从中汲取到莫大的力量。

当前经过高科技培植的植物宠物，不仅在外形上更加优美昂扬，在种植方式上也一改土栽盆栽的传统方法，开始采用透明营养的水晶泥、营养液等基质，甚至很多植物实现盆上花姿婆娑，盆下鱼儿畅游的活泼景象，其造型独特，是当前众多家庭与办公室人员争相采购的家居布置用品。

(2)动物宠物。

根据调查，一般家庭饲养的动物，以狗最多，占全体家畜的21%，其次分别是鸟类及猫，各占全体家畜的14%与13%，不论任何时代，猫狗都是人们的宠物。人类之所以饲养家畜，是由于具有使之服从自己或使之追随自己的欲望。但是，人类饲养家畜，将会成为他的“自我延长”，那就是说，一个人会透过宠物，表示出各种愿望，从而表明个性特征，有时，甚至连一个人隐藏于内心的欲求也会暗示出来。宠物国际爱护动物基金会认为，猫和狗经过漫长的进化演变，已经脱离了自然界的生物链，不再存在于生态平衡之中，是适合人类家庭的动物，广泛存在于人们的生活、工作之中。在国外，新的趋势是称呼猫和狗为伴侣动物，体现它们在人类社会中的作用。

(3)另类宠物。

另类宠物是国外进入中国的生态、非生态宠物。另类宠物，当代人理解成宠物的新潮和怪诞，是对传统宠物的彻底否定和背叛，并当成都市生活休闲的伴生物。这种错误的观念，是宠物生态错误的彻底解放，应当摈弃。还有一类另类宠物，指人工技术制造的软件虚拟逻辑。如QQ宠物，是腾讯出品的一种桌面电子宠物游戏，是国内的一种计算机桌面虚拟宠物。

现代社会，人人追求自己的个性美，穿衣要穿出个性，化妆要化出个性。个性化的时代，就是对人性的呼唤，对美的渴求。在这个时代里，对时尚女人来说，养个小宠物也许是不错的主意。这些小宠物是如此柔弱，如此希望得到怜惜。而当它们接受到爱之后，它们也会做出一些憨态可掬的感恩动作来。比如长时间地凝视你，用小舌头舔舔你的手，于是你会在它的这种爱的回报中得到欣慰和快乐。

总之，个性是时代、社会及自我意识上派生的一种特征！由于每个人的生理素质、文化素养、家庭环境及社会经历的区别，在思想、情感、性格等方面也许随之形成了与众人不同的特点，从而使自己的言行举止染上特殊的色彩，并且成为一个具体现实的社会人，这些特征就形成了人的个性！个性强烈的女性具有一种震撼人心的魅力。个性就是特点，特点就是优势，优势就是力量，力量就是美。女人想成功就要坚守自己的特点，坚持自己的个性，发挥自己的优势，相信自己“天生我材必有用”，这样的女人才能真正脱颖而出，有所作为，这是女人通往成功之路的一条捷径，也是女人魅力的一种表现。